이현아 취향저격 지텔프 50점 PLAN

한 권에 끝내는 지텔프 Lv.2

편저 이현아

G-TELP

50

Preface

국내 최초!
경찰간부후보생 · 경찰공무원 수험생들을 위한
취향저격 지텔프 50점 대비서

경찰간부후보생 · 경찰공무원 수험생들이 최단기간 내에 최대 효율적인 학습으로 공인영어인증시험 점수 획득을 돕고자 지텔프 50점 대비서를 '국내 최초'로 출간하게 되었습니다. 최신경향 기출문제를 완벽하게 분석하여 지텔프(G-TELP)시험 실전문제 유형과 포인트를 그대로 담은 책입니다.

수험생들이 얻고자하는 목표 점수가 달라도 지텔프 공부방법에서 한 가지 공통점으로 접근해야 하는 부분은 「문법」입니다. 다른 영어인증시험에 비해 한정된 범위 내에서 출제 포인트가 반복 출제되고 있기 때문에 상대적으로 적은 학습 시간만으로도 고득점 획득이 가능합니다. 시간을 허비하지 않고 전략적으로 점수 획득을 위해 가장 중요한 것은 지텔프 시험 '취향'에 딱! 맞춰진 강의와 교재 선택입니다. 방대한 영어문법을 학습하느라 시간과 에너지를 낭비하지 마시고, 실전시험에서 100% 적중하는 [한 권에 끝내는 취향저격 지텔프 50점] 교재로 한 번에 끝냈으면 합니다.

그 누구보다 지텔프시험 유형과 문제 포인트를 정확하게 알기에 책을 쓸 때도 수험생들의 학습 부담을 줄이는데 집중했습니다. 이 책에 담긴 콘텐츠에 그만큼 자신 있다는 이야기이기도 합니다. 독해 영역은 지텔프 50점을 목표로 학습하는 수험생들의 평균영어 실력과 실전기출수준을 고려하여 지문과 문제를 엄선해서 출제했습니다.

노량진과 신림동에서 공무원시험을 준비하는 수험생들을 대상으로 몇 년 째 영어강의를 하고 있습니다. 경찰간부후보생 · 경찰공무원 수험생들에게 특별한 애정을 가지게 된 이유이기도 합니다. 지텔프는 여러분들의 진짜 영어 실력을 증명하는 시험이 아닙니다. 영어 기초가 부족해도 단기간 제대로 된 책과 강의로 집중한다면 빠르게 점수 획득이 가능합니다. '최.단.기.' 지텔프 50점, 48점 획득을 목표로 하시나요? 이현아의 [한 권에 끝내는 취향저격 지텔프 50점] 한 권이면 충분합니다.

한 권의 책이 누군가의 인생과 미래를 결정할 수 있다는 생각으로 정성껏 만들었습니다. 여러분들이 꿈을 이루는데 「이현아의 취향저격 지텔프」가 든든한 첫걸음이 되어줄 것입니다. 꿈을 향해 계속 정진하십시오.

꿈과 도전을 응원합니다!

저자 이현아

Contents

한 권에 끝내는 지텔프 50점

UNIT 01

시제

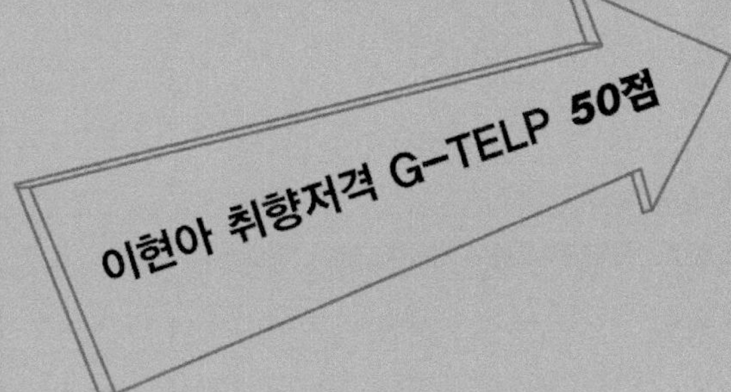

UNIT 01 시제

01 단순시제 & 진행시제

❶ 현재시제

① 여러 가지 상태 동사와 함께 쓰여 '현재의 상태'를 나타낸다.

- My head aches. 머리가 아프다.
- He resembles his mother. 그는 그의 어머니를 닮았다.

② 반복/ 지속성을 나타내는 부사가 나오는 경우 '현재시제'와 잘 쓰인다.

usually, generally, frequently, everyday, every Saturday, in Summer [계절]

- I usually eat lunch around 1 o'clock. 나는 보통 1시쯤에 점심을 먹는다.
- She swims in the morning everyday. 그녀는 매일 아침에 수영을 한다.
- In summer, milk easily goes bad. 여름에, 우유는 잘 상한다.

③ 일반적인 사실을 나타낸다.

- Gas expands when heated. 기체는 가열되면 팽창된다.

❷ 과거시제

과거의 상태나 습관적 동작을 나타낸다.

I always feared that man. 나는 항상 저 남자가 무서웠다.

G-TELP 취향저격

과거시제가 정답이 되는 시간부사

yesterday, last + 과거명사, ~ ago, in + 과거연도, in those days, then, when young, just now

- I bought a new bicycle yesterday. 나는 어제 새 자전거를 샀다.
- They played computer games an hour ago. 한 시간 전에 그들은 컴퓨터 게임을 했다.

- Columbus discovered America in 1492. Columbus가 1492년에 미국을 발견했다.
- I was sick last week. 나는 지난주에 아팠다.

❸ 미래시제

① 미래의 상태를 묘사하거나 의지를 표현할 때 쓸 수 있다.
② 미래를 나타내는 표현

1. 미래시제 (will + 동사원형 / be going to + 동사원형)
2. 현재진행시제 (is/am/are + ~ing)
3. 현재시제

- I will study hard to pass the exam. 나는 시험에 합격하기 위해서 열심히 공부할 것이다.
- They're going to get married in June. 그들은 6월에 결혼할 것이다.
- He starts for Seoul tonight. 그는 오늘 밤 서울로 간다.

↳ 가까운 미래에 일어나기로 확정되어 있는 일은 현재시제로 쓸 수 있는데, 흔히 미래를 나타내는 시간 부사구를 수반하는 경우 왕래발착동사들이 현재시제를 자주 쓴다.

[왕래발착동사] go come start leave arrive begin end finish return

미래를 나타내지만 현재시제를 써야 하는 경우

시간이나 조건 부사절에서는 현재시제가 미래를 대신한다.
(+ 미래완료의 내용은 현재완료 형태로 표현한다.)

- We will wait for him until he arrives. 그가 도착할 때까지 우리는 그를 기다리고 있을 것이다.
- Before he meets you, he will make a phone call to you.
  그가 너를 만나기 전에, 그가 너에게 전화를 할 것이다.
- I will lend you money if you pay me back by Sunday.
  네가 만약 일요일까지 돈을 갚는다면 나는 너에게 돈을 빌려줄게.
- You will miss the bus unless you walk more quickly.
  네가 더 빨리 걷지 않는다면 우리는 버스를 놓치게 될 것이다.

주의 명사절이나 형용사절을 이끄는 if/ when절에서 미래내용을 미래시제로 나타낸다.

- I wonder if she will finish the work by tonight.
  [명사절 접속사 if가 이끄는 명사절]

- Please tell me the day when he will come back.
  [관계부사 when이 이끄는 형용사절]

④ 현재진행

① 말하는 시점을 전후로 한 '짧은 시간에 이루어지는 동작이나 일시적으로 반복되는 활동'을 나타낸다.

- John is taking a nap at the moment. John은 지금 낮잠을 자고 있다.

② 현재진행시제가 정답이 되는 〈G-TELP 취향저격!〉 부사구 포인트

right now, at this[the] moment, these days, as we speak

- Right now, Monica is making a list of guests.
  바로 지금, Monica는 손님들 명단을 작성하고 있는 중이다.
- We're eating a lot of meat these days. 우리는 요즘 고기를 많이 먹는다.

⑤ 과거진행

과거진행시제가 정답이 되는 포인트!

when 부사절이 과거시제인 경우, 주절은 과거진행시제가 정답
주절이 과거시제인 경우, while 부사절은 과거진행시제가 정답

- We must have a problem with the water heater. I was washing the dishes when suddenly there was no more hot water.
  온수기에 문제가 있음에 틀림없어. 갑자기 뜨거운 물이 안 나올 때 나는 설거지를 하고 있는 중이었어.
- The adjustments were made while he was waiting.
  그가 기다리고 있는 동안에 수리가 되었다.

⑥ 미래진행

힌트 포인트!

When 부사절이 미래내용을 나타내는 현재시제, 미래진행시제의 기준이 되는 미래시점 부사구가 나오면(at that time, then, at this same time tomorrow), 주절 빈칸에는 미래진행시제가 정답이다.

- I will be having piano lessons when you arrive and I won't be able to attend to you.
  네가 도착할 때 나는 피아노 레슨을 받고 있는 중일 것이므로 너를 신경쓸 수가 없어.
- Don't call me between 3 and 4. We will be having a meeting then.
  3시에서 4시 사이에 전화하지 마. 나는 그 때 회의하고 있는 중일 거야.
- Now Jacob is working hard but he will be drinking in pub at this same time tomorrow.
  Jacob이 지금 열심히 일하고 있지만 내일 이 시간에는 펍에서 술을 마시고 있는 중일 거야.

Check-up

1. She __________ hurriedly when she realized it was a public holiday.

(a) would dress
(b) has dressed
(c) dressed
(d) was dressing

해설

when 부사절의 시제가 과거이므로 주절은 과거진행시제가 가장 적절하다.

해석

그녀는 공휴일이라는 것을 깨달았을 때 허둥지둥 옷을 입고 있는 중이었다.

2. Right now, he __________ the inauguration of Japan's newly elected prime minister in Tokyo.

(a) is covering
(b) was covering
(c) will be covering
(d) had been covering

해설

시간 부사 right now (지금)이 있으므로 현재 진행 시제가 가장 적절하다.

해석

지금 당장 그는 도쿄에서 새롭게 선출된 일본 총리의 취임식을 취재 중이다.

inauguration ⓝ
1. (대통령·교수 등의) 취임(식)
2. (신시대 등의) 개시
3. (공공시설 등의) 정식 개시

prime minister ⓝ
국무총리, 수상

3. Arten Publishing __________ her to their main office next week to undergo a month-long training.

(a) was sending
(b) had sent
(c) has been sending
(d) will be sending

해설

부사 next week (다음 주)는 미래를 나타내므로 미래시제가 가장 적절하다.

해석

Arten 출판사는 한 달 간 교육을 받게 하기 위해 그녀를 다음 주에 본사 사무실로 보낼 것이다.

undergo ⓥ
1. 〈검열·수술을〉 받다, 만나다, 당하다, 〈변화 등을〉 겪다, 경험하다
2. 〈고난을〉 견디다, 참다

4. Revenues were also weak in Boston, New York, and Chicago, but __________ in New York.

(a) would have improved
(b) will be improving
(c) were improving
(d) has improved

해설

기본적으로 영어는 시제 일치를 시켜준다. 병렬 구조의 관계이고 동사 were가 와서 과거시제인 것을 알 수 있다. 과거를 나타내는 표현인 were improving이 적절하다.

해석

세입은 Boston, New York, 그리고 Chicago에서도 부족했지만, New York에서는 개선되고 있었다.

5. She __________ when her parents arrived.

(a) was still cooking
(b) still cooked
(c) is still cooking
(d) will still cook

해설

when 부사절의 시제가 과거이므로 주절은 과거진행시제가 올바르다.

해석

그녀의 부모님들이 도착했을 때 그녀는 여전히 요리 중이었다.

6. Right now, UNICEF workers __________ food rations to the affected communities.

(a) distribute
(b) has been distributing
(c) have distributed
(d) are distributing

해설

시간 부사 right now (지금)이 있으므로 현재진행시제가 가장 적절하다.

해석

지금 유니세프 직원들은 피해를 입은 공동체 사회에 음식 배급을 하고 있다.

distribute ⓥ
1. (사람들에게) 나누어 주다, 분배[배부]하다
2. (상품을) 유통시키다
3. (어느 범위에 걸쳐) 나누어 퍼뜨리다[분포시키다]

ration ⓝ
1. (식료품·연료 등의) 일정한 배급량, 할당량, 정량
2. 식량, 양식
3. 하루분의 양식, 군용식

정답 **1.** (d) **2.** (a) **3.** (d) **4.** (c) **5.** (a) **6.** (d)

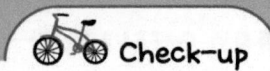

7. When the internship is completed, the supervisor ________ submit an evaluation of the intern's performance to the human resource department.

(a) may
(b) could
(c) will
(d) can

해설

시간이나 조건부사절에서는 현재시제가 미래를 대신한다. When 부사절의 시제가 현재시제인 것으로 보아 미래를 나타내고 있으므로 주절은 미래시제가 들어가야 한다. 미래시제는 「will + 동사원형」으로 표현한다.

해석

인턴과정이 끝날 때 감독관은 인사부에 인턴 수행능력 평가서를 제출할 것이다.

submit ⓥ
1. (서류·제안서 등을) 제출하다
2. 항복[굴복]하다, (굴복하여) …하기로 하다
3. 말하다, 진술[제안]하다

resource ⓝ
자원, 재원, 재료[자산]

8. Apparently, he ________ coffee under the tree when he saw an apple falling from a tree.

(a) was drinking
(b) will be drinking
(c) is drinking
(d) will have been drinking

해설

when 부사절에서 과거 동사 saw가 왔으므로 주절은 과거진행시제가 올바르다.

해석

듣자 하니, 그는 사과가 나무에서 떨어지는 것을 봤을 때 나무 아래에서 커피를 마시고 있었다.

apparently (부사)
듣자[보아] 하니

9. While she ________ her study, her audience was very attentive.

(a) will have been presenting
(b) had been presenting
(c) will be presenting
(d) was presenting

해설

주절에 과거시제 was가 왔으므로 while 부사절은 과거진행시제가 가장 적절하다.

해석

그녀가 연구 결과를 제시하는 동안, 그녀의 청중들은 굉장히 집중했다.

attentive ⓐ
1. 주의[귀]를 기울이는
2. 배려하는, 신경을 쓰는

10. She ________ a dinner for them at her house when they arrive.

(a) will be hosting
(b) have been hosting
(c) would host
(d) had hosted

해설
시간이나 조건부사절에서는 현재시제가 미래를 대신한다. when 부사절 동사가 arrives로 현재시제가 쓰였고 미래를 나타내는 것을 알 수 있다. 주절에는 미래를 표현하는 미래시제가 가장 적절하다.

해석
그들이 도착할 때, 그녀는 그녀의 집에서 그들을 위한 저녁을 대접하고 있을 것이다.

11. Hailey Shaw ________ Newbridge University 36 years ago, making her the longest-serving member of the faculty.

(a) is joining
(b) has been joined
(c) already joined
(d) having joined

해설
과거를 나타내는 시간부사(36 years ago)가 있으므로 과거시제가 올바르다.

해석
Hailey Shaw는 36년 전에 Newbridge 대학에 합류했으므로 가장 오래 근속한 교직원이 되었다.

serve ⓥ
1. (식당 등에서 음식을) 제공하다; (음식을 상에) 차려 주다[내다]
2. 도움이 되다, 기여하다
3. 일[봉사]하다, 근무[복무]하다

faculty ⓝ
1. 능력[기능]
2. (대학의) 학부
3. (대학의 한 학부의) 교수단

12. The accounting director ________ the budget report when it was sent for approval last Friday.

(a) will revise
(b) revised
(c) has just revised
(d) to be revised

해설
과거를 나타내는 시간부사(last Friday)가 있으므로 과거시제가 가장 적절하다.

해석
회계담당 이사는 지난 금요일에 예산 보고서 결재를 위해 제출했을 때 전에 그것을 검토했다.

approval ⓝ
인정, 찬성, 승인

정답 **7.** (c) **8.** (a) **9.** (d) **10.** (a) **11.** (c) **12.** (b)

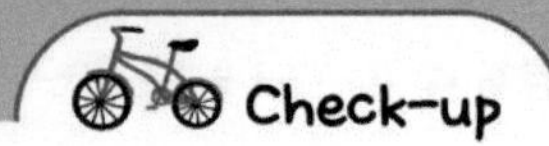

13. The airport shuttle _______ every hour from the hotel's front entrance.

(a) departs
(b) has been departing
(c) is departed
(d) departing

해설

일반적인 사실을 나타낼 때 현재시제를 쓰며 every hour(매 시간)이란 표현을 통해 반복적인 상황임도 알 수 있다. 반복적인 습관이나 행동은 현재시제로 표현한다.

해석

공항 셔틀버스는 호텔 정문에서 매시간 출발한다.

entrance ⓝ
1. (출)입구, 문
2. 입장
3. 입회, 가입; 입학, 입사

14. Dr. Lamas __________ his speech when the electricity unexpectedly went out.

(a) was delivering
(b) delivers
(c) will deliver
(d) has delivered

해설

접속사 when이 이끄는 절의 시제가 과거시제(went)이고 그 시점에서 진행되었던 사실을 나타내므로 과거진행시제가 정답이다.

해석

예상치 못하게 정전이 되었을 때 Lamas 박사는 연설하던 중이었다.

unexpectedly (부사)
뜻밖에, 예상외로

15. PIC Computers, which has manufactured personal computers since 2005, _______ into other areas next year.

(a) have expanded
(b) expanded
(c) expands
(d) will be expanded

해설

미래를 나타내는 표현(next year)가 있으므로 미래시제가 들어가야 적절하다.

해석

2005년 이후로 개인용 컴퓨터를 생산해 온 PIC 컴퓨터 사는 내년에 다른 영역으로 확장할 것이다.

정답 **13.** (a) **14.** (a) **15.** (d)

EXERCISE

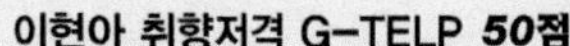

1 Mr. Cohen got sick and tired of his job as an engineer so he made a decision to change his career a few months ago. He __________ as a manager of the service department now.

(a) has worked
(b) worked
(c) is working
(d) will be working

2 The weather has been bad throughout the city since last week. All of the flights were cancelled and power was shut down. Residents near the sea are starting to leave, as the water __________ right now.

(a) is rising
(b) will rise
(c) rose
(d) rises

3 I wish we could go to the party together. However, I agree that you should finish your assignment first and follow later. I __________ at the Stars Hotel when you arrive.

(a) have been staying
(b) will be staying
(c) will stay
(d) have stayed

4 Ms. Okada has been hearing good reviews of the movie *The beautiful days*. Her friends had praised its simple yet interesting plot. To see if all the positive feedback is true, Okada __________ the film.

(a) now watches
(b) is now watching
(c) has now watched
(d) will now watch

5 Melissa Shaw had been knocking for almost ten minutes, but nobody opened the door for her. Her husband couldn't hear her because he __________ a shower when Melissa arrived.

(a) would take
(b) took
(c) was taking
(d) had taken

6 You cannot possibly talk to Mr. William today. He __________ to a client on the phone right now and will be attending a seminar for the rest of the day.

(a) is talking
(b) will be talking
(c) has talked
(d) talks

EXERCISE

7 Our supervisor has impressive habit of arriving at exactly eight twenty-five every morning. It's now eight twenty. Watch that door, and he ____________ enter the office in exactly five minutes.

(a) will
(b) may
(c) must
(d) can

8 Sally's nephew is travelling alone for the first time and is very nervous about getting lost in New York. However, Sally tells him not to worry because she ____________ for him when his plane arrives.

(a) will wait
(b) waits
(c) has been waiting
(d) will be waiting

9 The earthquake happened at around 5 in the morning. However, it was so minor that most of the people who ____________ at that time didn't know what had occurred.

(a) sleeps
(b) were sleeping
(c) have slept
(d) will be sleeping

10 Many artists were supported by a generous lady. She passed away 10 years ago, but the artists who got support from her ____________ to hold an exhibition to remember her efforts.

(a) are planning
(b) had planned
(c) were planning
(d) will have planned

11 The temperature is supposed to dip below 11 degrees Celsius tonight. If we leave the fruit on our apple tree, the frost ____________ it.

(a) damages
(b) is damaging
(c) will damage
(d) had damaged

12 At first the homeowners rejected my offer of $300,000 for their house. However, unless a better offer is made in the next week, they ____________ my offer again.

(a) will consider
(b) would have consider
(c) have consider
(d) are considered

13 Steve couldn't put the exciting mystery novel down. He __________ a particularly scary scene when the window suddenly shattered into pieces.

(a) was read
(b) reads
(c) was reading
(d) has been reading

14 The software company has stopped hiring new employees because sales have leveled off. Unless there is a sudden increase in revenue, additional staff __________.

(a) wouldn't be hired
(b) won't be hired
(c) hasn't hired
(d) isn't hiring

15 Bella is fascinated with the language and culture of South America and fortunately takes the opportunity to learn more. She __________ Brazil next semester as an exchange student to study Spanish.

(a) will be visited
(b) is visiting
(c) has visited
(d) had been visiting

16 Some people in the community have experienced problems with traffic signals. The city has promised that if the difficulties persist, the signals __________.

(a) would be adjusted
(b) have been adjusted
(c) are adjusting
(d) will be adjusted

17 Everyone was amazed at how a boy of ten was able to rescue his friends from the car accident. Many people saw the boy limping badly when he __________ the injured children.

(a) carries
(b) carried
(c) has been carrying
(d) will have been carrying

18 Jenny has recently gained a lot of weight and so has been exercising hard, but to no avail. Desperately wanting to be as slim as before, she __________ not to eat anything after 6p.m.

(a) will be planning
(b) has been planned
(c) is planning
(d) was planning

19 While waiting for her boyfriend at the school library, Adela decided to complete her audio recording for English class. She ________________ her speech when her boyfriend arrived.

(a) always records
(b) has been recording
(c) will have still recorded
(d) was still recording

20 Maria Sharapova is one of the most famous tennis players in the world. She __________ at an exhibition game upcoming Friday afternoon, and I'm sure her supporters will be very excited to watch her.

(a) might have played
(b) has been playing
(c) will play
(d) had already played

UNIT 01 정답과 해설 EXERCISE

1 단순시제 & 진행시제

01 ▶정답 (c)

| 정답 해설 |

시간 부사 now가 있으므로 현재 진행시제가 가장 적절하다.

| 해석 |

Cohen씨는 엔지니어 일이 아주 싫어져서 몇 달 전에 직업을 바꾸기로 결정했다. 그는 지금 서비스 부서의 매니저로 일하고 있다.

sick and tired of 아주 싫어진

02 ▶정답 (a)

| 정답 해설 |

시간부사 right now가 있으므로 현재진행시제가 가장 적절하다.

| 해석 |

지난주부터 도시 전체의 날씨가 나빠졌다. 모든 비행 편은 취소되었고 전력이 끊겼다. 바다 근처 거주자들은 지금 당장 해수면이 올라가자 떠나기 시작하고 있다.

shut down ⓥ 공장·가게가 문을 닫다;
(기계가) 멈추다[정지하다]

03 ▶정답 (b)

| 정답 해설 |

when 부사절 접속사 절의 시제가 현재이므로 주절에는 미래시제가 올 수 있다. 미래의 한 시점에 진행되고 있는 상태에 대해서 묘사하기 위해서 미래진행을 쓸 수 있다. will be staying이 가장 적절하다.

| 해석 |

나는 우리가 함께 파티를 가기를 바란다. 그러나 당신이 세금 보고서를 먼저 마치고 나중에 (휴가에) 뒤따라 와야 한다는 것에 동의한다. 당신이 도착할 때 나는 Stars 호텔에 머무르고 있을 것이다.

04 ▶정답 (b)

| 정답 해설 |

문제 속이 아니라 보기에 시간 부사를 준 경우이다. (a)~ (d)에 모두 now가 있는 것을 확인할 수 있다. 현재 진행 시제와 가장 어울린다.

| 해석 |

Okada씨는 영화 The beautiful days의 호평을 들었다. 그녀의 친구는 단순하지만 재미있는 줄거리를 칭찬했다. 모든 긍정적인 피드백이 진짜인지 확인하기 위해 Okada는 지금 영화를 보고 있다.

plot ⓝ 구성[플롯/줄거리]

05 ▶정답 (c)

| 정답 해설 |

when절의 시제가 과거이므로 주절의 시제는 과거진행이 가장 적절하다.

| 해석 |

Melissa Shaw는 거의 10분 동안 노크를 했지만 아무도 그녀를 위해 문을 열지 않았다. 그녀의 남편은 Melissa가 도착했을 때 샤워를 하고 있었기 때문에 그녀가 노크하는 것을 들을 수 없었다.

06 ▶정답 (a)

| 정답 해설 |

시간부사 right now가 있으므로 현재진행 시제가 가장 적절하다.

| 해석 |

당신은 아마도 오늘 William과 얘기할 수 없을 것이다. 그는 지금 고객과 전화하고 있으며 나머지 시간에는 세미나에 참석할 것이다.

07 ▶정답 (a)

| 정답 해설 |

주절의 시제가 명령문이다. 앞으로 할 일에 대해서는 명령문을 쓰므로 and 이하로 연결되는 시제에도 미래를 표현하는 것이 가장 적절하다.

| 해석 |

우리의 감독관은 정확히 매일 아침 8시 25분에 도착하는 인상적인 습관이 있다. 지금은 8시 20분이다. 저 문을 봐라. 그러면 정확히 5분 후에 그가 사무실에 들어올 것이다.

generous ⓐ 1. 후한[너그러운] 2. 넉넉한 3. 관대한[아량 있는]

08 ▶정답 (d)

| 정답 해설 |

when 부사절의 시제가 현재이므로 미래를 이야기하는 것임을 알 수 있다. 미래시제는 (a)와 (d) 두 개가 나왔는데, 조카의 비행기가 도착할 때 기다리고 있다는 진행을 강조하기 위해서는 미래진행시제가 더욱 적절하다.

| 해석 |

Sally의 조카는 처음으로 혼자 여행하려 하는데, New York에서 길을 잃을까봐 매우 두려워하고 있다. 그러나 Sally는 조카가 탄 비행기가 도착할 때 그를 기다리고 있을 것이니 조카에게 걱정하지 말라고 말한다.

09 ▶정답 (b)

| 정답 해설 |

the people이 주어이고 동사가 didn't know임으로 과거의 상황임을 알 수 있다. 또한 지진이 발생했을 때 사람들이 자고 있는 동작을 나타내므로 과거진행시제가 가장 적절하다.

| 해석 |

지진은 아침 5시쯤에 일어났다. 그러나 그것은 아주 경미해서 그때 자고 있던 대부분의 사람들은 무엇이 일어났는지 모른다.

10 ▶정답 (a)

| 정답 해설 |

전시회를 열 계획을 하고 있는 것이므로 앞으로 일어날 일을 준비하는 것임을 알 수 있다. (d)의 미래완료시제는 미래시점까지 계속적으로 계획을 해 오고 있게 된다는 말이 되므로 문맥상 올바르지 않다.

| 해석 |

많은 예술가들은 어떤 넉넉한 여자에게 후원받았다. 그녀는 10년 전에 죽었지만, 그녀에게 후원받은 예술가들은 그녀의 노력을 기억하기 위해 전시회를 열 계획이다.

11 ▶정답 (c)

| 정답 해설 |

조건을 나타내는 부사절 if절에서 현재시제가 쓰인 것으로 보아 미래를 이야기하는 것임을 알 수 있다. 주절에는 미래시제가 들어가는 것이 가장 적절하다. 현재 진행시제도 미래를 나타낼 수 있지만 보기에 「will + 동사원형」이 없는 경우에 정답이 될 수 있다.

| 해석 |

온도가 오늘 밤에 11도 아래로 떨어질 예정이다. 우리 사과나무의 열매를 그대로 둔다면 서리가 그것을 손상시킬 것이다.

be supposed to …하기로 되어 있다; …할 의무가 있다
frost ⓝ 서리, 성에

12 ▶정답 (a)

| 정답 해설 |

조건 부사절 접속사 unless(= if ~ not)절에서 현재시제 동사가 쓰인 것으로 보아 주절에는 미래시제 동사가 와야 한다.

| 해석 |

처음에 집 소유자들은 내가 그들의 집값으로 30만 달러를 제의한 것을 거절했다. 그러나 다음 주까지 더 나은 제안이 없다면 그들은 나의 제안을 다시 고려할 것이다.

offer ⓝ (금전적)제의, 제의한 액수

13 ▶정답 (c)

| 정답 해설 |

when 부사절에서의 시제가 과거이므로 주절의 시제는 과거진행시제가 가장 적절하다.

| 해석 |

Steve는 그 재밌는 미스터리 소설을 내려놓을 수 없었다. 갑자기 창문이 산산조각 났을 때 그는 특히 무서운 장면을 읽고 있었다.

put down ⓥ 1. 내려놓다 2. 적다(적어두다) 3. 지불하다
shatter ⓥ 산산이 부서지다, 산산조각 나다; 산산이 부수다, 산산조각 내다

14 ▶정답 (b)

| 정답 해설 |

Unless 시간 부사절에서 동사의 시제가 현재이므로 주절에는 미래시제가 들어가는 것이 가장 적절하다. won't는 will not의 줄임말이다.

| 해석 |

판매가 변동이 없었기 때문에 소프트웨어 회사는 새 직원을 고용하는 것을 멈추었다. 갑작스러운 수익인상이 없다면 추가적인 직원은 고용되지 않을 것이다.

level off 1. 수평을 유지하다
2. (한동안 급등·급락하다가) 변동이 없다[잠잠해지다/안정되다]

15 ▶정답 (b)

| 정답 해설 |

시간 부사 next semester가 있으므로 미래를 표현하는 시제가 와야 한다. 현재 진행시제는 미래를 표현할 수 있으므로 (b)가 정답이다. (a)의 will be visited는 미래시제인 것은 맞지만 수동태의 형태(be p.p.)로 쓰였다. 수동태는 목적어를 취할 수 없는데 빈칸 뒤에 Brazil이 있으므로 오답이다.

| 해석 |

Bella는 남아메리카의 언어와 문화에 매력을 느꼈는데 다행스럽게도 그것을 더 배울 기회가 생겼다. 그녀는 스페인어를 공부하기 위해 다음 학기에 교환 학생으로 브라질을 방문 할 것이다.

16 ▶정답 (d)

| 정답 해설 |

조건 부사절 접속사 if절의 시제가 현재이므로 주절 시제는 미래가 되어야 한다.

| 해석 |

그 공동체의 어떤 사람들은 교통 신호에 문제를 겪었다. 그 도시는 어려움이 지속된다면 신호가 조절될 것을 약속했다.

adjust ⓥ 1. (약간) 조정[조절]하다 2. 적응하다
3. (매무새 등을) 바로잡다[정돈하다]

17 ▶정답 (b)

| 정답 해설 |

when 부사절의 시제를 찾는 문제이다. 주절의 시제가 과거진행(was limping)이 왔으므로 시제 일치에 따라서 과거 시제가 가장 올바르다.

| 해석 |

모든 사람들은 어떻게 10세 소년이 차 사고로부터 그의 친구들을 구했는지 놀랐다. 많은 사람들은 그가 부상 입은 어린이들을 옮겼을 때 그 소년이 심하게 다리를 저는 것을 봤다.

rescue ⓥ (위험에서) 구하다, 구조[구출/구제]하다

limp ⓥ 1. 다리를 절다[절뚝거리다]
2. (손상이 생겨) 느릿느릿 나아가다[움직이다]
ⓐ 기운[활기]이 없는, 축 처진[늘어진]

18 ▶정답 (c)

| 정답 해설 |

문맥상 지금까지 해 온 다이어트 효과가 있지 않으므로 앞으로 6시 이후에는 아무 것도 먹지 않겠다고 계획하는 내용이 적절하다. 앞으로 할 일을 계획하고 있으므로 현재진행 시제가 가장 적절하다. 미래진행시제를 쓰면 미래에 계획을 세우고 있는 중인 의미가 되므로 적절하지 않다.

| 해석 |

Jenny는 최근에 살이 많이 쪄서 열심히 운동했지만 효과가 없었다. 필사적으로 전처럼 날씬해지고 싶어서 그녀는 6시 이후로 아무것도 먹지 않기로 계획하고 있다.

to no avail 별로/아무 효과가 없어

desperately (부사) 1. 절망적으로; 필사적으로; 생각다 못해
2. 몹시, 지독하게(excessively)

19 ▶정답 (d)

| 정답 해설 |

when 부사절의 시제가 과거이므로 주절의 시제는 과거 진행시제가 가장 적절하다.

| 해석 |

학교 도서관에서 그녀의 남자친구를 기다리는 동안 Adela는 영어 수업을 위한 오디오 녹음을 끝내려고 했다. 그녀는 남자친구가 도착했을 때도 계속 목소리를 녹음하고 있었다.

20 ▶정답 (c)

| 정답 해설 |

시간부사 upcoming Friday를 통해서 미래를 표현하는 시제가 와야 하는 것을 알 수 있다.

| 해석 |

Maria Sharapova는 세계에서 가장 유명한 테니스 선수 중 하나이다. 그녀는 다가오는 금요일 오후에 시범경기에서 시합할 것이고, 나는 그녀의 후원자들이 그녀를 보고 아주 즐거워 할 것임을 확신한다.

exhibition ⓝ 1. 전시, 전시회
2. 발휘, 표현
3. 시범경기

02 완료 & 완료진행시제

❶ 완료시제

1) 현재완료

과거시제는 과거의 단순한 사건만을 말하지만 현재완료는 과거 사건이 현재까지 영향을 미치는 경우에 표현할 수 있다. 형태는 「have p.p.」 이며 주어가 3인칭 단수인 경우 「has p.p.」로 표현한다.

- I lost my watch yesterday. (어제 시계를 잃어버렸다는 사실을 전달하지만 현재 그 시계를 찾았는 지 새로 샀는지 등의 정보는 알 수 없다.)
- I have lost my watch. (= I lost my watch and don't have the watch now. 과거에 시계를 잃어 버려서 지금 없는 상태까지 담고 있다.)

현재완료는 쓰이는 부사구나 문맥에 따라서 다양한 해석을 할 수 있다.

① 현재 시점에 있어서 '완료'를 나타낸다. 함께 잘 쓰이는 부사(구) 표현을 잘 보면 문맥을 쉽게 추론할 수 있다.

already　　yet　　just　　lately　　this week　　recently

- He has already had lunch. 그는 벌써 점심을 먹었다.
- We have just come back from our holiday. 우리는 휴가에서 막 돌아왔다.

② 과거부터 현재까지의 '계속'을 나타낸다. 함께 쓰이는 부사(구)를 통해서 추측할 수 있으며, G-TELP 시험에서는 '계속'적 용법을 가장 많이 묻는다. 특히나 현재완료시제보다는 '현재완료 진행형'으로 정답이 많이 출제되니 반드시 익혀두자.

G-TELP 취향저격

현재완료 진행형이 정답이 되는 부사(구)

for + 기간 명사, since + 과거시점 명사, since + S + 과거동사

all day　　all morning　　how long　　up to now

- William and Sophie are talking on the phone right now. They have been talking on the phone for over two hours.

William과 Sophie는 지금 전화통화 중이다. 그들은 2시간 넘게 전화 통화를 해오고 있는 중이다.

- It has been raining all week. 이번 주 내내 비가 오고 있다.
- Josh has been living in London since 2015. 2015년 이래로 Josh는 런던에서 살고 있다.

③ 과거부터 현재까지의 '경험'을 나타낸다.

ever	never	before	often	once	twice	~times	seldom

- A: Have you ever seen a whale in person? 너는 고래를 직접 본 적이 있어?
- B: Yes, I have seen one before. 응, 전에 본 적 있어.
  No, I have never seen one. 아니, 한 번도 본 적이 없어.

※ 「~에 가[와]본 적이 있다」라고 경험을 표현할 때는 「have gone[come]」을 쓰지 않고 「have been to + 장소명사」를 쓴다.

- I have been to Sydney before. 나는 전에 시드니에 간 적이 있다.

④ 사건이나 동작이 과거에 끝나고 그 결과가 현재까지 남아 있는 '결과'를 표현할 수도 있다. '완료'를 나타내는 표현과 비슷하거나 겹치는 경우가 많다.

- I have bought a cell phone. → I bought a cell phone and have it now.
  나는 휴대폰을 샀다. → 그래서 지금 휴대폰이 있다.
- She has gone to Busan. → She went to Busan and is there now. She is not here. 그녀는 부산에 가고 없다.

2) 과거완료

과거를 기준으로 완료, 경험, 계속 등을 나타낸다. 과거보다 먼저 일어난 '대과거'도 과거완료형태로 표현할 수 있다. 형태는 「had p.p.」이다.

- I had lived there for 10 years when the war broke out. 〈계속〉
  나는 전쟁이 일어났을 때 십 년 째 그곳에 살고 있었다.
- I had tasted her cooking before, so I declined the invitation. 〈경험〉
  나는 전에 그녀가 만든 음식을 먹어 본 적이 있어서 그 초대를 거절했다.

[대과거]

- My uncle sent me a coat that he had bought in London.
  삼촌이 런던에서 산 코트를 내게 보내주셨다.

G-TELP 취향저격

과거완료 진행형이 정답이 되는 경우

시간 부사절 before / by the time / since 절의 시제가 과거이며, for + 기간명사

- I had been waiting for Henry for over two hours before he finally arrived.
  그가 마침내 도착하기 전까지 나는 Henry를 2시간 넘게 기다리고 있었다.
- By the time the concert began, I had been standing in line for two hours.
  콘서트가 시작할 때 쯤, 나는 두 시간 째 줄을 서고 있었다.
- He said that he had been driving non-stop for three hours when he started falling asleep. 그가 말하기를 그가 졸기 시작했을 때, 그는 쉬지 않고 3시간 째 운전을 해오고 있었다.

3) 미래완료진행

미래의 특정시점이 되는 그때까지 상태나 동작이 계속되는 경우나, 완료되는 경우 미래완료를 써서 표현할 수 있다. 형태는 「will + have p.p.」이다.

- After visiting Hawaii next week, I will have been there 10 times.
  다음 주에 하와이를 다녀오면, 나는 그곳에 10번 방문한 것이 된다.

G-TELP 취향저격

미래완료 진행형이 정답이 되는 경우

By the time/ by this time tomorrow 절이 미래를 나타내는 현재시제이며, for + 기간명사가 오는 경우.

- By the time he finally gets it, he will have been waiting for many months.
  그가 그것을 가질 때쯤, 그는 몇 달째 기다려오게 되는 것이다.
- By this time tomorrow she will have been telling her friends about how Rose dumped Peter.
  내일 이 시간쯤에 그녀는 그녀의 친구들에게 어떻게 Rose가 Peter를 차게 되었는지를 말하고 있는 중일 것이다.

Check-up

1. He ____________ the restaurant for seven years when the economic depression forced him to close it down.

(a) is running
(b) will be running
(c) has run
(d) had been running

해설

기간을 표현하는 for five years (5년 동안)이 나왔으므로 완료시제와 쓰는 것이 적절하며 when 부사절 시제가 과거이므로 시제 일치에 따라서 과거완료/과거완료 진행형이 들어가야 적절하다.

해석

경제 침체로 그가 식당 문을 닫아야 했을 때, 그는 식당을 7년 째 운영해 오고 있는 중이었다.

depression ⓝ
1. 우울, 우울증 2. 불경기, 불황

2. That is why she ______________ me to go with her to watch the premiere of Shocking Comedy show since last week.

(a) has been asking
(b) will ask
(c) asked
(d) had asked

해설

since last week (지난 주 이래로)라는 시간 부사를 통해서 과거시점부터 현재까지 지속되고 있는 상황임을 알 수 있다. 현재완료/현재완료 진행시제가 들어가야 적절하다.

해석

그것이 그녀가 지난주부터 Shocking Comedy Show의 초연을 함께 보러 가자고 계속해서 요청해오고 있는 이유이다.

premiere ⓝ
(영화의) 개봉; (연극의) 초연

3. Her friend told her that they ______________ for half an hour already and would just call her later.

(a) will wait
(b) can wait
(c) are waiting
(d) had been waiting

해설

기간을 표현하는 for half an hour (한 시간 동안)이 있으므로 완료 시제를 써야 한다. 보기 중에 완료 표현은 (d)뿐이다.

해석

그녀의 친구는 그녀에게 그들이 이미 30분 동안 기다렸고 나중에 그녀에게 전화할 것이라고 말했다.

4. For the last four years, master craftsmen ______________ its intricate wood carvings.

(a) are carefully restoring
(b) will carefully restore
(c) have been carefully restoring
(d) carefully restored

해설

기간을 나타내는 표현 for the last two years (지난 2년 동안)을 통해서 완료시제와 쓰여야 함을 알 수 있다. 현재완료진행인 (c)가 가장 적절하다.

해석

지난 4년 동안 장인들은 그것의 정교한 나무 조각을 세심하게 복원해오고 있는 중이다.

intricate ⓐ
얽힌, 복잡한; 난해한

정답 **1.** (d) **2.** (a) **3.** (d) **4.** (c)

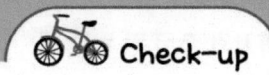

5. He ___________ for the American Bank for almost ten years now.

(a) had been working
(b) was working
(c) will have been working
(d) has been working

해설

기간을 나타내는 시간 부사 for almost ten years (거의 10년 동안)를 통해서 완료표현이 쓰여야 함을 알 수 있다. 또한 now (지금)은 현재를 나타내고 있으므로 현재완료/현재완료진행시제가 가장 적절하다.

해석

그는 지금까지 거의 10년 동안 American 은행을 위해 일해오고 있다.

6. I'm sure that by this time tomorrow she ________ her friends about how Trisha dumped Kanul.

(a) has told
(b) will have been telling
(c) has been telling
(d) could have told

해설

시간 부사 by this time tomorrow (내일 이때까지/내일 이때)이 미래의 특정 시점이며 그 시점까지 특정 동작이 계속되고 있는 상태를 표현하는 미래완료/미래완료진행 시제가 들어가야 한다.

해석

내일 이때쯤 그녀가 그녀의 친구들에게 어떻게 Trisha가 Kanul를 차버렸는지를 이야기하고 있는 중일 것이라고 확신한다.

dump ⓥ
1. 버리다
2. 떠넘기다
3. 팔아치우다
4. 내려놓다
5. (애인을)차다

7. They __________ the alligators for more than fifteen years by the time they finish their research in 2025.

(a) are studying
(b) will have been studying
(c) had been studying
(d) were studying

해설

기간을 나타내는 표현 for more than fifteen years (15년 이상 동안)이 있으므로 완료시제가 쓰여야 한다. 완료시제는 (b)와 (c)인데, in 2025 (2025년에)라는 시간 부사가 미래를 표현하고 있으므로 미래완료진행형인 (b)가 올바르다.

해석

그들이 연구를 마칠 때쯤인 2025년에 그들은 15년 이상 악어 연구를 진행하고 있는 것이 될 것이다.

8. Aiden's architectural firm __________ impressive buildings in the US for 35 years now.

(a) will design
(b) designs
(c) has been designing
(d) had been designing

해설

기간을 나타내는 표현 for 35 years를 통해서 완료시제와 쓸 수 있는 것을 알 수 있다. (c)와 (d)가 완료표현이지만 now가 있으므로 현재완료진행이 적절하다.

해석

Aiden 건축 사무소는 미국에서 지금까지 35년 동안 인상적인 건물들을 디자인해오고 있는 중이다.

정답 **5.** (d) **6.** (b) **7.** (b) **8.** (c)

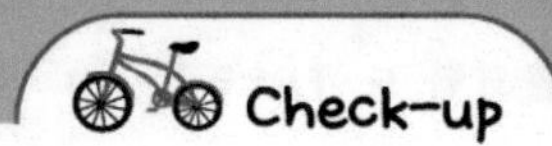

9. To save money, he ____________ for interesting books at bargain bookstores for years before he discovered the website.

(a) had been looking
(b) was looking
(c) looks
(d) looked

해설

기간을 나타내는 표현 for years (몇 년 동안)이 있으므로 완료시제와 써야 한다. 보기에서 완료시제는 (a) 뿐이다.

해석

돈을 절약하기 위해, 그가 웹 사이트를 발견하기 전에 몇 년 동안 관심 있는 책들을 할인 서점에서 찾았었다.

10. He was hired as museum curator by an experimental art museum and ________________ as its codirector for several months now.

(a) would be working
(b) was working
(c) has been working
(d) had been worked

해설

기간을 나타내는 for several months (몇 개월 동안)이 있으므로 완료 시제를 써야 하며 now (현재)가 있으므로 현재완료 진행형인 (c)가 정답이다.

해석

그는 실험적인 예술 박물관에 큐레이터로 고용되었고, 지금 몇 개월 째 공동 관리자로써 일해오고 있는 중이다.

experimental ⓐ
실험적인, 실험의

11. Since last months's employee training, staff productivity __________ much more than expected.

(a) is improving
(b) improves
(c) has improved
(d) will improve

해설
Since가 이끄는 구가 과거부터 현재까지의 시간을 나타내므로 현재완료 시제가 가장 적절하다.

해석
지난달의 직원 연수 이후 직원 생산성이 예상했던 것보다 훨씬 더 향상되었다.

12. Dr. Suzuki arrived for the awards ceremony on time even though her train __________ twenty minutes late.

(a) is leaving
(b) will leave
(c) to leave
(d) had left

해설
주절의 시제가 과거(arrived)로 기차가 20분 늦게 출발한 것이 Suzuki박사가 시상식에 도착한 것보다 먼저 일어난 일이므로 과거완료 시제(had p.p.)가 되어야 한다.

해석
Suzuki 박사는 기차가 20분 늦게 출발했음에도 불구하고 시상식에 제시간에 도착했다.

정답 **9.** (a) **10.** (c) **11.** (c) **12.** (d)

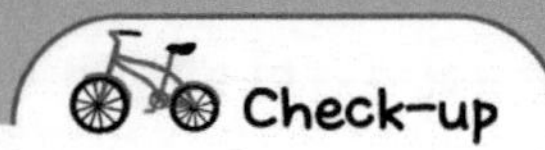

13. At the end of next month, executive chef Tracy Nakagawa ________ the kitchen at the Hokulea Cafe for ten years.

(a) has supervised
(b) will have supervised
(c) had been supervising
(d) is supervising

해설

미래의 시점을 나타내는 표현(At the end of next month)가 있으므로 '다음 달 말이면 10년이 된다'는 의미를 표현할 수 있는 미래 완료시제가 가장 적절하다.

해석

다음 달 말이면 수석 요리사인 Tracy Nakagawa가 Hokulea 카페 주방을 감독한 지 10년이 된다.

14. The August shipment ____________ from Busan and is waiting in the receiving dock.

(a) arrives
(b) has just arrived
(c) should have arrived
(d) will be arriving

해설

빈칸 뒤에 나온 is waiting이 단서이다. '이미 도착해서 기다리고 있는 중'이 되어야 하므로 현재완료시제의 완료용법이 가장 적절하다.

해석

8월 배송품은 부산에서 이제 막 도착했고 하역장에서 대기하고 있다.

shipment ⓝ
1. 수송 2. 수송품, 적하물
dock ⓝ
부두, 선창, 화물 적재 플랫폼

15. We ________________ ten inquiries since the advertisement ran in last week's edition of the newspaper.

(a) will be receiving
(b) had received
(c) have received
(d) are receiving

지난주에 나온 광고 이래로(Since the advertisement ran in last week's edition of the newspaper)이 과거부터 현재까지의 시간을 나타내므로 현재완료 시제와 어울린다.

해석

우리는 지난주에 신문 광고를 낸 이래로 10건의 문의를 받았다.

inquiry ⓝ
물음, 문의

정답 **13.** (b) **14.** (b) **15.** (c)

EXERCISE

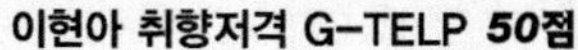

1 Benjamin has recently been in trouble finding how to decorate his house on his own. Thanks to Syvia, he got a useful book. He now ____________ the book for 5 hours.

(a) reads
(b) has been reading
(c) will read
(d) had read

2 The executive secretary failed to do her boss's order and she was explaining to him what took place. She ________________ his client for hours to schedule a meeting but couldn't get an answer.

(a) was calling
(b) would call
(c) had been calling
(d) will have been calling

3 Fabien had car accident 3 years ago and was seriously injured. Since then, despite his disability, he _____________ his best to walk on his feet, which makes everyone touched.

(a) will have done
(b) was doing
(c) must do
(d) has been doing

4 Gabriel is now HD Corporation's top salesman, but he had a tough time when he was starting. In fact, he ______________ real estate for almost six months before he finally closed his first deal.

(a) had been selling
(b) would have sold
(c) was selling
(d) sold

5 Olivia has decided to go home and take a much needed nap after lunch. She ______________ on her science project all morning and doesn't think she has enough energy left to make it through another class.

(a) is working
(b) works
(c) has been working
(d) would have worked

6 I believe Miranda deserves a reward for her diligent work. She _____________ on her tax report for several days now and has not gotten an enough night's sleep.

(a) has been working hard
(b) had already worked
(c) is working hard
(d) will work hard

7 Sophie has to work first to save money for college tuition. Based on her calculations, she ____________ for a year and a half by the time she is ready for college.

(a) will have been working
(b) would have worked
(c) will work
(d) is working

8 A car bomb explosion killed 20 people and made more than 10 injured yesterday. Authorities said the crowd ____________ fireworks when the car bomb exploded.

(a) watches
(b) has been watching
(c) will have watched
(d) had been watching

9 My sisters and I are studying foreign languages. They are taking up classes in French while I am studying Spanish. In fact, by the end of this year I ____________ Spanish for 3 years.

(a) am studying
(b) have studied
(c) will have been studying
(d) would study

10 Mr. Jackson, the manager at the restaurant I work for, has not changed his hair style for more than 5 years now. His hair designer ____________ him the same haircut every month since 2012.

(a) will be giving
(b) had given
(c) must give
(d) has been giving

11 Albert Einstein has been regarded as one of the most famous scientists in the world. His findings ____________ scientists even up to now.

(a) have been influencing
(b) are influencing
(c) had been influenced
(d) should have influenced

12 KBO has given Mr. Kim a year suspension for slapping a referee during the game. He ____________ to the Board to reconsider its decision for almost a week now.

(a) is pleading
(b) might have pleaded
(c) has been pleading
(d) will plead

EXERCISE

13 This morning Gloria was taken to the hospital by her family. Her sister told me that she ______________ for a week on a complicated project without any rest.

(a) is working
(b) had been working
(c) will be working
(d) having worked

14 A team of marine biologists are conducting an in-depth study on the humpback whales. They ______________ the mammal for 15 years by the time they complete their research in 2030.

(a) are studying
(b) were studying
(c) have studied
(d) will have been studying

15 Emily ___________ anxiety attacks and depression for quite some time now. To prevent her from feeling anxious and depressed, Dr. Cindy advised her to engage in sports or do her favorite activities.

(a) is experiencing
(b) has experienced
(c) will be experiencing
(d) had already experienced

UNIT 01 정답과 해설 *EXERCISE*

2 완료 & 완료진행시제

01 ▶정답 (b)

| 정답 해설 |
기간을 표현하는 「for + 시간 명사」가 왔으므로 완료시제와 잘 어울린다. 또한 now라는 시간 부사가 있으므로 현재완료진행시제가 가장 적절하다.

| 해석 |
Benjamin은 최근에 그 스스로 그의 집을 꾸미는 방법을 찾는데 어려움을 겪었다. Syvia덕분에 그는 유용한 책을 얻었다. 그는 지금 5시간 동안 그 책을 읽고 있다.

02 ▶정답 (c)

| 정답 해설 |
for hours (몇 시간 동안)이라는 표현을 통해서 완료용법이 쓰인다는 것을 확인할 수 있다. 기준 시점이 과거이므로 과거완료진행인 had been calling이 정답이다.

| 해석 |
비서실장은 사장의 명령을 수행하는데 실패했고 그녀는 그에게 무슨 일이 있었는지를 설명하고 있었다. 그녀는 몇 시간동안 사장의 고객에게 미팅 일정을 잡기 위해 전화를 했었지만 답변을 얻을 수 없었다.

executive ⓐ 1. 실행의, 집행력이 있는
2. 행정적인, 행정상의
3. 관리의, 경영의, 중역의

03 ▶정답 (d)

| 정답 해설 |
since then(그때 이후로)라는 시간 부사구가 있으므로 현재완료 시제와 가장 잘 어울린다.

| 해석 |
Fabien은 3년 전에 차 사고를 당해서 심각하게 부상당했다. 그때 이후로 그의 장애에도 불구하고 그는 그의 발로 걷는 것에 최선을 다하고 있으며 그것은 모든 사람들이 감동받게 만들었다.

04 ▶정답 (a)

| 정답 해설 |
기간을 표현하는 for almost six months (거의 6개월 동안)이 있고 before 시간 부사절의 시제가 과거이므로 과거완료 진행시제가 가장 적절하다.

| 해석 |
Gabriel은 지금 HD회사의 최고 판매사원이지만, 그는 시작할 때 힘든 시기가 있었다. 사실 그는 그가 결국 첫 거래를 매듭짓기 전 거의 6개월 동안 부동산을 팔고 있었다.

real estate 부동산

05 ▶정답 (c)

| 정답 해설 |
지속성을 표현하는 all morning이라는 시간 부사는 완료시제와 잘 어울린다. 현재완료진행형인 (c)가 가장 적절하다.

| 해석 |
Olivia는 점심 후에 집에 가서 아주 필요한 낮잠을 자기로 결심했다. 그녀는 아침 온종일 과학 프로젝트를 작업했고 다른 수업을 견딜 힘이 있다고 생각하지 않는다.

make it through 통과하다

06 ▶정답 (a)

| 정답 해설 |
기간명사 (for several days)가 나왔으므로 완료시제와 어울리며 현재를 표현하는 시간부사 now가 있으므로 현재완료시제가 가장 적절하다.

| 해석 |
나는 Miranda가 그녀의 근면함에 대한 보답을 받을 자격이 있다고 믿는다. 그녀는 지금 며칠 째 세금 보고서 일을 열심히 해오고

있으며 아직까지 충분한 수면도 취하지 못했다.

deserve ⓥ ~할 자격이 있다

07 ▶정답 (a)

| 정답 해설 |

기간을 나타내는 부사구 for a year and half (1년 반 동안)는 완료시제와 잘 어울린다. 또한 by the time (~할 때쯤)의 접속사가 이끈 절에서 시제가 현재인 것으로 보아 미래시제가 들어가야 한다. 미래시제이면서 완료를 표현하는 미래완료진행 시제가 가장 적절하다.

| 해석 |

Sophie는 대학 등록금을 위한 돈을 모으기 위해 처음으로 일을 해야 한다. 그녀의 계산에 의하면 그녀는 그녀가 대학갈 준비가 될 때까지 1년 반 동안 일해야 한다.

08 ▶정답 (d)

| 정답 해설 |

when 부사절이 과거시제(exploded)이므로 주절은 과거완료시제가 가장 적절하다.

| 해석 |

어제 있었던 차 폭발은 스물 명의 사람을 죽게 만들고 열 명이 넘는 사람들을 다치게 했다. 관계당국은 차가 폭발할 때 군중들이 불꽃을 보고 있었다고 말했다.

explosion ⓝ 폭발, 폭파

09 ▶정답 (c)

| 정답 해설 |

기간명사(for 3 years)가 있으므로 완료시제가 적절하며, 미래시간부사 (by the end of this year)이 있으므로 미래완료시제가 가장 적절하다.

| 해석 |

내 여동생들과 나는 외국어 공부를 하고 있는 중이다. 내가 스페인어를 공부하는 반면 그들은 불어 수업을 등록한다. 사실 이번 해 말쯤이 되면, 나는 스페인어를 3년째 공부하게 된다.

10 ▶정답 (d)

| 정답 해설 |

(since 2012)를 통해서 과거부터 현재까지 지속되는 상황임을 알 수 있으므로 현재완료 시제가 가장 적절하다.

| 해석 |

내가 일하는 식당의 매니저인 Jackson은 지금 5년 넘게 헤어스타일에 변화가 없다. 그의 헤어 디자이너가 2012년부터 그에게 매달 똑같은 커트를 해오고 있다.

11 ▶정답 (a)

| 정답 해설 |

시간부사(up to now)는 '지금까지'라는 뜻으로 과거부터 현재까지 지속되는 상황임을 알 수 있다. 현재완료 시제가 가장 적절하다.

| 해석 |

Albert Einstein은 세상에서 가장 유명한 과학자들 중 한 사람으로 여겨진다. 그의 발견들은 지금까지도 과학자들에게 영향을 끼치고 있다.

12 ▶정답 (c)

| 정답 해설 |

기간명사 (for almost a week)이 왔으므로 완료시제가 올바르며 현재를 나타내는 시간부사 now가 있다. 현재완료진행시제가 가장 적절하다.

| 해석 |

KBO는 김씨에게 경기 중에 심판을 때린 것에 대해 1년 출전정지를 내렸다. 그는 지금까지 거의 일주일 동안 이사회에 그 결정을 다시 고려해달라고 간청하고 있다.

suspension ⓝ 1. 정직, 정학, (스포츠 선수의)출장 정지
2. 연기, 보류, 유예

slap ⓥ 1. 철썩 때리다 2. 탁 놓다 3. 철썩 부딪치다

referee ⓝ 1.심판 2. 추천인, 신원 보증인
3. 중재자(조정인) 4. 심사 위원

plead ⓥ 애원하다, 간청하다

13 ▶정답 (b)

| 정답 해설 |

기간명사(for a week)이 왔으므로 완료시제가 올바르고 주절 시제가 과거(told)이므로 과거완료가 가장 적절하다.

| 해석 |

오늘 아침에 Gloria는 그녀의 가족들에 의해 병원에 데려가졌다. 그녀는 일주일동안 휴식 없이 복잡한 프로젝트의 일을 했었다고 그녀의 여동생이 나에게 말했다.

complicated ⓐ 복잡한

14 ▶정답 (d)

| 정답 해설 |

기간명사(for 15 years)가 있으므로 완료시제가 적절하다. by the time은 '~할 때쯤'이라는 의미의 시간부사절 접속사이고 이 부사절에서 현재시제가 왔으므로 주절에는 미래시제가 와야 한다. 보기로 나온 미래완료진행시제가 가장 적절하다.

| 해석 |

해양 생물학자 팀은 혹등고래에 관한 심층연구를 실시하고 있다. 2030년 그들이 연구를 끝낼 때쯤이면 15년 동안 포유류 연구를 진행해 오고 있게 되는 것이다.

in-depth 깊이, 상세히, 심도있게

15 ▶정답 (b)

| 정답 해설 |

기간명사(for quite some time)가 있고 현재를 나타내는 시간부사 now가 있으므로 현재완료시제가 가장 적절하다.

| 해석 |

Emily는 요즘 불안발작과 우울증을 겪고 있다. 그녀가 불안하고 우울한 감정을 느끼는 것을 막기 위해 Cindy 박사는 그녀에게 스포츠를 해보거나 그녀가 가장 좋아하는 활동을 할 것을 충고했다.

한 권에 끝내는 지텔프 50점

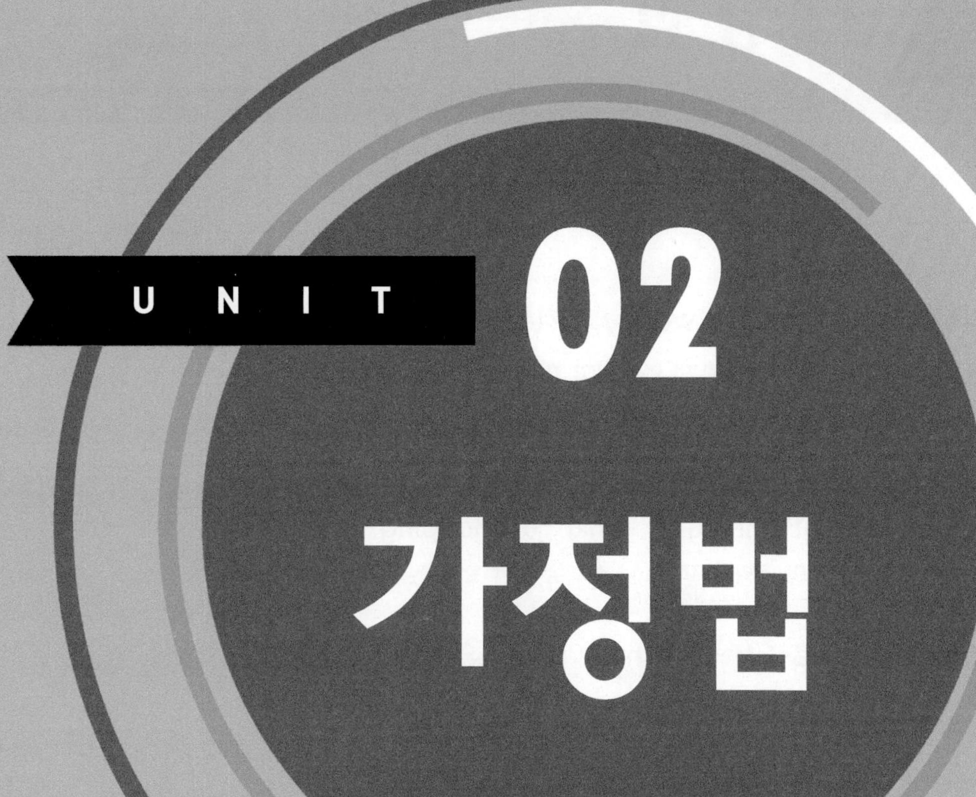
UNIT
02
가정법

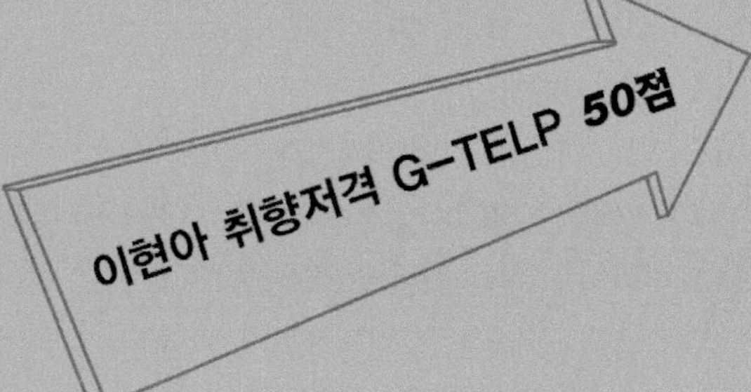
이현아 취향저격 G-TELP 50점

UNIT 02 가정법

❶ 가정법 과거 : If + S + were / 과거동사, S + 조동사 과거형 + 동사원형

현재 사실을 반대로 가정하거나 사실이 아닌 경우를 표현할 때 쓴다.

- If I knew his telephone number, I could call him.
  만약 내가 그의 전화번호를 안다면, 나는 그에게 전화를 걸 수 있을 텐데. (실제로는 그의 전화번호를 모름)
- If it were not raining, I would go shopping.
  비가 오지 않는다면 쇼핑을 갈 텐데. (실제로 비가 오고 있음)

❷ 가정법 과거완료 : If + S + had p.p., S + 조동사 과거형 + have p.p.

과거 사실을 반대로 가정할 때 쓴다.

- If we had gone by car, we would have saved time.
  차로 갔었더라면 시간을 절약할 수 있었을 텐데. (차로 가지 않았음)
- If I had studied hard at school, I could have gotten a better job.
  학교에서 열심히 공부를 했었다면, 더 좋은 일자리를 구할 수 있었을 텐데.

❸ If가 생략된 가정법

If를 생략하면 주어와 동사를 도치시킨다. 주어 앞에 Were, Had, Should가 올 수 있다. If절이 빈칸으로 출제되는 경우 주절 시제를 통해서 가정법의 시제를 알 수 있다.

- Were I in his shoes, I wouldn't do that.
  내가 만약 그의 입장이라면, 그렇게 하지 않을 텐데.
  = If I were in his shoes, I wouldn't do that.
- Had I known you were coming, I would have prepared lunch for both of us.
  네가 오는 것을 알았더라면 우리 둘을 위해 점심을 준비했을 텐데.
  = If I had known you were coming, I would have prepared lunch for both of us.
- Should you change your mind, let us know.
  마음이 바뀌면 우리에게 알려줘.

G-TELP 취향저격

가정법 If only

If only는 '오직 ... 하기만 하면, ~좋을 텐데.' (가정법 시제에서 '강조'할 때 쓴다.)
– If only는 가정법 과거뿐 아니라 과거완료에도 쓸 수 있다. 가정법 시제에 부사가 첨가된 것이라고 보면 된다.

- If only I were not sick, I would go to her birthday party.
  만약 내가 아프지 않다면, 나는 그녀의 생일 파티에 갈 텐데.
- If only she had not given up, she could have finished the project.
  만약 그녀가 포기하지 않았다면, 그녀는 그 프로젝트를 끝마칠 수 있었을 텐데.

❹ 혼합 가정법 : If+주어+had p.p.~ , 주어+조동사의 과거형+동사원형

과거 사실을 반대고 가정한 경우 현재에 미치는 영향을 표현할 때 쓴다. 주로 부사 now, by now, today, still과 함께 쓰인다.

- If only I had studied harder, things would now be different.
  내가 공부를 더 열심히 했더라면, 지금은 상황이 달랐을 텐데.
- If the management had informed the staff earlier of the budget deficit, they would have not problem by now.
  경영진이 직원들에게 조금 더 일찍 예산 적자에 대해 알렸더라면, 그들은 지금쯤 문제가 없었을 텐데.

〈If 가정법 과거〉 –현재 사실과 반대 –만약 ...한다면 ~할 텐데	「If + 주어 + 과거동사, 주어 + would, could... + 동사원형」 • If he worked hard, he would make more money.
〈If 가정법 과거완료〉 –과거 사실과 반대 –만약 ...했었다면~이었을 텐데	「If + 주어 + had p.p., 주어 + would, could... + have p.p.」 • If he had worked hard, he would have made more money.
〈혼합 가정법〉 –만약 ...했었다면 (지금쯤) ~할 텐데	「If + 주어 + had p.p., 주어 + would, could... + 동사원형」 • If I had worked hard, I could make more money now.
★ 참고! 〈조건 부사절〉 –어느 정도 실제로 가능할 경우에 사용 –만약...라면 ~일 텐데	현재는 현재시제를, 미래는 미래시제를 사용한다. 단, if절에서 미래를 현재시제로 써야 한다. • If he works hard, he will make more money. • If it rains tomorrow, we will stay home.

Check-up

1. If our ancestors had not learned how to build the house, we ______________ living in caves.

(a) would have continued
(b) would be continuing
(c) continued
(d) had continued

해설
If절의 시제가 「had p.p.」이므로 가정법 과거완료임을 알 수 있다.

해석
우리의 조상들이 집을 짓는 방법을 배우지 않았다면 우리는 동굴에 계속 살았을 것이다.

2. If the bus had been full, she ______________ to walk in the rain.

(a) will be forced
(b) was being forced
(c) was forced
(d) would have been forced

해설
If절의 시제가 과거완료이므로 주절에는 「조동사 과거형 + have p.p.」 시제가 들어가야 한다.

해석
버스가 가득 찼다면 그녀는 빗속에서 걸었어야 했을 것이다.

3. If he had not been busy, he ______________ on the couch watching movies all day long.

(a) will be sitting
(b) would have sat
(c) sits
(d) is sitting

해설
If 가정법절의 시제가 「had p.p.」이므로 가정법 과거완료임을 알 수 있다.

해석
그가 바쁘지 않았다면 그는 하루 종일 영화를 보면서 소파에 앉아 있었을 것이다.

4. If it ____________, she would have bought the smartphone right away.

(a) is cheaper
(b) had been cheaper
(c) was cheaper
(d) would be cheaper

해설
주절의 시제가 「would + have p.p.」인 것으로 보아 가정법 과거완료임을 알 수 있다. If절에는 「had p.p.」 시제가 들어가야 한다.

해석
그것이 가격이 저렴했다면 그녀는 당장 스마트폰을 샀을 것이다.

5. I'm sure that if she had a pony at home, she ____________ it every day.

(a) would ride
(b) is riding
(c) will ride
(d) rides

해설
If절의 시제가 과거인 것으로 보아 가정법 과거시제임을 알 수 있다. 주절에는 「조동사 과거형 + 동사원형」이 들어가야 한다.

해석
그녀가 집에서 조랑말을 갖고 있다면 그녀가 매일 그것을 탈 것이라고 나는 확신 한다.

6. If they had more time to prepare, they ______ more people.

(a) would invite
(b) have invited
(c) will invite
(d) are inviting

해설
If절의 동사 시제가 과거이므로 주절에는 「조동사 + 동사원형」이 들어가야 한다.

해석
그들이 준비하는데 더 많은 시간이 있다면 그들은 더 많은 사람을 초대할 것이다.

정답 **1.** (a) **2.** (d) **3.** (b) **4.** (b) **5.** (a) **6.** (a)

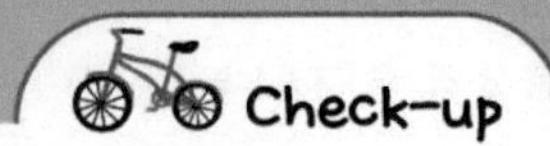

7. He now thinks that if he had not gone to the men's room, he ______________ it.

(a) will not lose
(b) cannot be losing
(c) would not have lost
(d) had not lost

해설

If절의 시제가 「had p.p.」로 나왔으므로 주절에는 「would/could/might + have p.p.」이 들어가야 한다.

해석

만약 그가 화장실에 가지 않았더라면 그는 그것을 잃어버리지 않았을 것이라고 그는 지금 생각한다.

men's room
화장실

8. If only his trip had been longer, he __________ his aunt in Virginia.

(a) would visit
(b) visited
(c) is visiting
(d) would have visited

해설

If절의 시제가 「had p.p.」가 왔으므로 주절시제는 「would/could/might + have p.p.」이 되어야 한다.

해석

만약 그의 여행이 조금만 더 길었더라면 그는 Virginia에 있는 그의 이모 집에 방문했을 텐데.

9. Its manager says that the team would truly succeed if only it ______________ a bigger fan base and a few more sponsorships.

(a) is generating
(b) will generate
(c) generated
(d) generates

해설

주절의 시제는 says로 현재시제이지만 가정법이 종속절에 들어간 경우 종속절 안에서 다시 주절과 부사절로 나눌 수 있다. that절 안에서 주절의 동사는 would succeed이므로 「조동사 과거형 + 동사원형」이고 가정법 과거를 나타내는 표현임을 알 수 있다. 그러므로 if절의 동사는 과거시제가 되어야 한다.

해석

그 팀 매니저는 자신의 팀이 만약 더 큰 팬층과 약간의 후원을 만든다면 정말로 성공할 것이라고 말한다.

10. If the older generation had failed to pass the skill and wisdom to their children, their means of livelihood ______________ up to this day.

(a) hasn't been lasting
(b) wouldn't last
(c) is not lasting
(d) hadn't lasted

해설

up to this day를 통해 혼합가정법임을 알 수 있다.

해석

만약 기성세대가 기술과 지혜를 그들의 아이들에게 전달해주지 않았더라면 그들의 생계 수단은 오늘날까지 지속되지 않았을 것이다.

men's room
화장실

11. _________ anyone need assistance during the seminar, please come to the reception desk.

(a) Will
(b) Had
(c) Should
(d) If

해설

가정법에서 if가 생략되면 if절의 조동사나 동사가 주어 앞으로 도치된다. 가정법 미래 「If + S + should + 동사원형~, 명령문/미래시제」 문장에서 if가 생략되었으므로 조동사 should가 문두로 나가야 한다.

해석

세미나 기간에 도움이 필요하시면 누구든지 안내 데스크로 오세요.

12. If we had purchased the tickets early, we ___________ enjoying the game now.

(a) would be
(b) are
(c) have been
(d) will be

해설

시간부사 now가 있는 것으로 보아 혼합 가정법임을 알 수 있다. 혼합 가정법 「If + S + had p.p.~, S + 조동사 과거형 + 동사원형」의 형태로 '(과거에) 만약 ~했더라면 (지금은) ~할 텐데.'의 의미이다.

해석

우리가 표를 더 일찍 구매했더라면 지금 쯤 경기를 즐기고 있을 텐데.

정답 **7.** (c) **8.** (d) **9.** (c) **10.** (b) **11.** (c) **12.** (a)

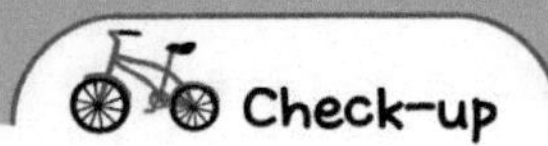

13. If we had found the errors in the financial report, we ________________ them prior to submission for approval.

(a) will correct
(b) would correct
(c) corrected
(d) could have corrected

해설
If절의 동사가 「had p.p.」인 것으로 보아 가정법 과거완료임을 알 수 있다. 주절에는 「조동사 과거형 + have p.p.」가 와야 한다.

해석
재무 보고서에 오류가 있다는 것을 알았더라면, 우리는 승인 받으려고 제출하기 전에 보고서를 수정할 수 있었을 텐데.

14. If the computer malfunction had not been reported so quickly, we ________________ the necessary support.

(a) would not have received
(b) cannot receive
(c) will receive
(d) has received

해설
If절의 시제가 「had p.p.」인 것으로 보아 가정법 과거완료임을 알 수 있다. 주절에는 「조동사 + have p.p.」가 들어가야 한다.

해석
컴퓨터 오작동이 그렇게 빨리 보고되지 않았더라면 우리는 필요한 지원을 받을 수 없었을 텐데.

malfunction ⓝ
기능 부전, 고장, 기능 불량

15. We ________________ in securing funds only if Dr. Wellington had led our research from the beginning.

(a) will succeed
(b) could have succeeded
(c) are succeeding
(d) had succeeded

해설
if절의 시제가 과거완료이므로 가정법 과거완료임을 알 수 있다. 주절에는 「조동사 과거형 + have p.p.」 시제가 들어가야 한다.

해석
Wellington 박사가 시작할 때부터 우리의 연구를 이끌기만 했다면 우리는 자금을 확보하는 데 성공했을 것이다.

secure ⓥ
1. 얻어 내다, 획득하다
2. 고정시키다
3. 안전하게 지키다

정답 **13.** (d) **14.** (a) **15.** (b)

EXERCISE

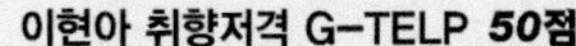

1 Our bedroom looks calm and relaxing now that we've painted the walls. However, if we had hired a professional, I'm sure the room ______________ even better.

(a) would have looked
(b) will be looking
(c) looks
(d) looked

2 Last weekend, I visited my cousin at his house in Surfers Paradise, Australia. Nothing could have been more fun than hitting the waves. If I lived there, I ___________ every day.

(a) am swimming and surfing
(b) will swim and surf
(c) have swum and surfed
(d) would swim and surf

3 Kanul was late for an important meeting this morning because he missed the train. If he ____________ when his alarm clock went off, he would have caught his ride.

(a) was getting up
(b) had gotten up
(c) got up
(d) will get up

4 Perhaps if the customer ______________ about the car's excellent fuel efficiency, she would have made the decision to purchase it even sooner.

(a) had known
(b) knew
(c) should know
(d) knows

5 Angela partied with her friends last night. When she woke up this morning, she was still so tired that she couldn't go to school. If she had gone to bed early, she _________ ready for school.

(a) has been being
(b) would have been
(c) is being
(d) would be

6 My five-year-old niece is very disappointed. She still doesn't have the walking doll that she has wanted for so long. If her mom had given her the toy last Christmas, she ____________ the gift very much.

(a) would have appreciated
(b) will have been appreciating
(c) would appreciate
(d) was appreciating

EXERCISE

7 ____________ you have any questions or concerns about the benefits package, please do not hesitate to contact the accounting department.

(a) Could
(b) May
(c) Can
(d) Should

8 Catherine and Lucas got married last Saturday. Most of the Luca's relatives think that if she had not gotten pregnant, he ________________ her, at least not this quickly.

(a) had not married
(b) is not marrying
(c) will not marry
(d) would have not married

9 Jayden works six days a week, and his only chance to rest is on Sundays. However, he also has to take care of his children on that day. If he weren't so busy, he ________ Sundays resting.

(a) would have spent
(b) would spend
(c) spends
(d) is spending

10 Though Daisy was generally a good worker, she often disagreed with her supervisor's requests. If he had demonstrated more patience and generosity toward her, she __________ more closely with him.

(a) would work
(b) will have worked
(c) might have worked
(d) had been working

11 More than 800 athletes attended the second Annual Sports Event held in Beijing. However, some scheduled events were canceled because of a lack of participants. _______________ more thorough in their preparations, none of this would have happened.

(a) Were the organizers not
(b) If the organizers have been
(c) Should the organizers been
(d) Had the organizers been

12 Dr. Esther had dreamed of becoming a doctor since she was 10 years old. If she had not gotten scholarship from the Angel Medical School, she ____________ from the medical school.

(a) would not graduate
(b) would not have graduated
(c) will not graduate
(d) should have graduated

13 Leo couldn't participate in an important writing workshop because his boss unexpectedly assigned him to convert an controversial issue. If his boss ____________ someone else to cover the issue, he could have gone to the workshop.

(a) was asking
(b) has been asking
(c) will be asking
(d) had asked

14 Max spent most of his salary on a new computer so he wasn't able to pay his credit card bills last month. If he ____________ it, he would have had enough money to pay his bills.

(a) wasn't purchasing
(b) will not have had
(c) hadn't purchased
(d) must purchased

UNIT 02 정답과 해설 EXERCISE

01 ▶정답 (a)

| 정답 해설 |
가정법 과거완료 시제의 문제이다. If절의 시제에 「had p.p.」를 사용하고 있으므로 주절에는 「would/could/might + have p.p.」이 와야 한다.
| 해석 |
우리가 벽을 색칠했기 때문에 우리 침실이 차분하고 편안해 보인다. 그러나 만약 우리가 전문가를 고용했더라면, 확신하건데 훨씬 더 멋져 보였을 것이다.

02 ▶정답 (d)

| 정답 해설 |
If 가정법의 시제가 과거이므로 주절에는 「조동사 과거형 + 동사원형」이 가장 적절하다.
| 해석 |
지난 주말, 나는 서퍼들의 천국인 호주에 있는 사촌 집에 방문했다. 그 어떤 것도 파도를 타는 것보다 재밌는 것은 없다. (= 파도를 타는 것이 가장 즐겁다.) 만약 내가 그곳에 산다면, 나는 매일 수영과 서핑을 할 텐데.

03 ▶정답 (b)

| 정답 해설 |
주절의 시제가 「조동사 과거형 + have p.p.」이므로 가정법 과거완료 시제임을 알 수 있다.
| 해석 |
Kanul은 기차를 놓쳤기 때문에 아침에 중요한 회의에 늦었다. 그가 그의 알람시계가 울렸을 때 일어났다면 차를 탔을 것이다.

go off 1. 자리를 뜨다
2. 발사되다, 폭발하다
3. 울리다
4. 나가다

04 ▶정답 (a)

| 정답 해설 |
주절 시제(would have made)인 것으로 보아 가정법 과거완료시제임을 알 수 있다. 주절에는 「had p.p.」 시제가 들어가야 올바르다.
| 해석 |
그 고객이 그 차의 우수한 연비를 알았더라면, 더 빨리 구매 결정을 내렸을 것이다.

05 ▶정답 (b)

| 정답 해설 |
If절의 시제가 「had p.p.」이므로 가정법 과거완료시제임을 알 수 있다.
| 해석 |
Angela는 어젯밤에 그녀의 친구들과 파티를 했다. 그녀가 오늘 아침에 일어났을 때 그녀는 너무 피곤해서 학교에 갈 수 없었다. 그녀가 일찍 잤다면 그녀는 학교 갈 준비가 되었을 것이다.

06 ▶정답 (a)

| 정답 해설 |
If 가정법절의 시제가 과거완료이므로 주절에는 「조동사 과거형 + have p.p.」 시제가 들어가야 한다.
| 해석 |
나의 5살 조카딸은 아주 실망했다. 그녀는 아주 오랫동안 원했던 걷는 인형이 여전히 없었다. 그녀의 엄마가 작년 크리스마스에 그 인형을 줬다면 그녀는 그 선물에 아주 많이 감사했을 것이다.

niece ⓝ 조카딸, 여자 조카

07 ▶정답 (d)

| 정답 해설 |
가정법에서 if가 생략되면 조동사 should나 were, had가 문두로 나간다. 주절의 문장이 명령문으로 나왔으므로 가정법 미래를 표현하는 should가 들어가야 적절하다.

| 해석 |

복리후생에 대한 문의 사항이나 우려 사항이 있으면, 주저하지 말고 경리부로 연락하십시오.

08 ▶정답 (d)

| 정답 해설 |

If절의 시제가 「had p.p.」이므로 가정법 과거완료임을 알 수 있다.

| 해석 |

Catherine과 Lucas가 지난주 토요일에 결혼했다. Luca의 대부분의 친척들은 Catherine이 임신하지 않았더라면 적어도 이렇게 급하게 결혼하지는 않았을 것이라고 생각했다.

09 ▶정답 (b)

| 정답 해설 |

If절의 시제가 과거이므로 주절에는 「조동사 과거형+동사원형」이 가장 적절하다.

| 해석 |

Jayden은 일주일에 6일 일하며 쉴 수 있는 유일한 기회는 일요일이다. 그러나 그는 그 날도 아이들을 돌봐야 한다. 그가 그렇게 바쁘지 않다면 그는 일요일을 쉬는데 보낼 것이다.

10 ▶정답 (c)

| 정답 해설 |

if절의 시제가 과거완료이므로 가정법 과거완료시제임을 알 수 있다.

| 해석 |

Daisy가 대부분의 사람들에게 좋은 노동자임에도 불구하고 그녀는 감독관의 요구에 자주 반대했다. 그가 그녀에게 더 많은 인내심과 관대함을 보여줬다면 그녀는 그와 더욱 가까이 일했을 것이다.

11 ▶정답 (d)

| 정답 해설 |

주절의 시제가 「would have p.p.」이므로 가정법 과거완료임을 알 수 있다. (d)는 if가 생략되면서 had가 주어 앞으로 도치된 가정법 과거완료의 형태이다.

| 해석 |

800명 이상의 운동 선수들은 베이징에서 열리는 두 번째 연례 스포츠 행사에 참석했다. 그러나 어떤 계획된 행사는 참가자가 부족해서 취소되었다. 주최자들이 준비에 더욱 철저했다면 이러한 상황은 일어나지 않았을 것이다.

12 ▶정답 (b)

| 정답 해설 |

If절의 시제가 「had p.p.」인 것으로 보아 가정법 과거완료 시제임을 알 수 있다.

| 해석 |

Esther 박사는 10살 이후로 의사가 되는 것을 꿈꿨다. 그녀가 Angel Medical School에서 장학금을 받지 못했다면 그녀는 의대를 졸업하지 못했을 것이다.

13 ▶정답 (d)

| 정답 해설 |

주절의 시제가 「조동사 과거형+have p.p.」이므로 가정법 과거완료 시제임을 알 수 있다. If절에는 had p.p가 들어가야 한다.

| 해석 |

Leo는 그의 상사가 예상치 못하게 논란이 많은 문제를 바꾸기 위해 파견했기 때문에 중요한 글쓰기 워크숍에 참석할 수 없었다. 그의 상사가 다른 사람에게 그 문제를 다룰 것을 요청했다면, 그는 워크숍에 갈 수 있었을 것이다.

assign ⓥ 맡기다, 선임하다, 파견하다, (사람을) 배치하다
convert ⓥ 1. 전환시키다, 개조하다
2. 전환되다
3. 개종하다, 전향하다, 바꾸다
controversial ⓐ논란이 많은

14 ▶정답 (c)

| 정답 해설 |

주절의 시제가 「조동사 과거형 + have p.p.」이므로 가정법 과거완료임을 알 수 있다.

| 해석 |

Max는 새로운 컴퓨터에 그의 월급 대부분을 써서 저번 달 신용카드 대금을 지불하지 못했다. 그가 그것을 사지 않았다면 그는 대금을 지불할 충분한 돈이 있었을 것이다.

bill ⓝ 1. 고지서, 청구서
2. 계산서
3. 법안

UNIT **03**

연결어

접속사 & 전치사 & 접속부사

이현아 취향저격 G-TELP **50점**

UNIT 03 연결어 – 접속사& 전치사& 접속부사

01 부사절 접속사

부사절 접속사는 문장에서 부사 역할을 하며 '접속사 + 주어 + 동사'의 형태가 일반적이다. 부사절은 생략되어도 전체 문장에 영향을 미치지 않으며 시간, 양보, 이유, 조건, 목적, 결과 등의 의미를 지닌다.

❶ 시간을 나타내는 부사절 접속사

when / as ~할 때	before ~전에
after ~후에	while ~동안
since ~이래로	until ~할 때까지
as soon as ~하자마자	

- When the meal was finished, Ray washed up and made coffee.
  식사가 끝났을 때 Ray는 설거지를 하고 커피를 준비했다.

❷ 조건을 나타내는 부사절 접속사

if / provided (that) / providing (that) / on conditions (that) 만약 ~라면
unless / if not 만약 ~이 아니라면
as long as / as far as ~하는 한
once 일단 ~하면
considering (that) 고려하면
given (that) ~을 고려할 때

- If you go to one of the agencies, you can probably find a temporary job.
  그 대행사들 중 한 곳에 가면, 아마 임시 고용직을 구할 수 있을 것이다.

❸ 이유를 나타내는 부사절 접속사

because / as / since ~ 때문에
now that ~이므로
in that ~라는 점에서

- Since they're at an early stage in planning, they would like to conduct the survey.
  아직은 기획 초기 단계이므로 그들은 설문 조사를 실시하고자 한다.

❹ 양보를 나타내는 부사절 접속사

although / though / even if / even though 비록 ~일 지라도, ~에도 불구하고
while / whereas ~인 반면에, 한편

- Although the number of books he owned in total is simply unknown, an episode about his passion for books is well-known.
  그가 소유한 책의 전체 수는 전혀 알려지지 않았지만, 책에 대한 그의 열정에 관한 에피소드는 잘 알려져 있다.

❺ 목적을 나타내는 부사절 접속사

so that + S + can 누가 ~할 수 있도록
in order that + S + may 누가 ~하기 위하여

- Jason Moore prefers to communicate with clients so that he can hear real voices from them.
  제이슨 무어 씨는 고객들의 생생한 의견을 듣기 위해 고객들과 대화하는 것을 좋아한다.
- Ms. Han shortened her speech in order that she may have time to answer questions. 한 씨는 질문에 대답할 시간이 있도록 연설을 줄였다.

❻ 결과를 나타내는 부사절 접속사

so + 형용사 + that 매우 ~해서... 하다
such + a(n) + 형용사 + 명사 + that 매우 A한 B라서 ~하다

- The road was so slippery that it had to be closed to traffic.
  길이 매우 미끄러워서 교통이 통제되었다.
- He made such a long speech that we were all tired.
  그가 연설을 너무 길게 해서 우리는 모두 지쳤다.

부사절 접속사와 전치사 구별

전치사 뒤에는 명사가 와서 구를 이루고, 접속사 뒤에는 '주어 + 동사'가 와서 절을 이룬다.

접속사	의미	전치사
when / as ~할 때	시간	at / on / in ~에
while ~하는 동안		during / for ~동안
until ~할 때까지		by / until ~까지
as soon as ~하자마자		on / upon ~ing ~하자마자
before ~전에		before / prior to ~전에
after ~후에		after / following ~후에
because / as / since ~때문에	이유	because of / due to / owing to / on account of ~ 때문에
although / though / even if / even though 비록 ~일지라도	양보	despite / in spite of 비록 ~일지라도
unless 만약 ~이 아니라면 in case (that) ~에 대비하여	조건	without / but for ~이 없다면 in case of / in the event of ~에 대비하여
so that / in order that ~하기 위하여	목적	for the purpose of ~의 목적으로

Despite the extended free time, people of both France and Germany are very productive when they work.
= Although they have the extended free time, people of both France and Germany are very productive when they work.
늘어난 자유시간에도 불구하고, 프랑스와 독일 사람들은 모두 일을 할 때 매우 생산적이다.

03 접속부사

※ 접속부사는 절과 절을 연결할 수도 없고, 명사(구)를 데리고 올 수도 없다. 부사로 쓰여서 의미를 연결해준다. 문맥상 적절한 접속부사를 선택하면 된다.

- She is very rich. In fact, she is one of the richest women in the world.
  그녀는 매우 부유하다. 사실상, 그녀는 전 세계에서 가장 부유한 여성들 중 한 명이다.
- George is lazy. His brother, however, is diligent.
  Geroge는 게으르다. 그러나 그의 형은 부지런하다.

※ 접속부사 however는 상대적으로 문장 내에서 자유롭게 위치한다.

[의미별로 정리한 접속부사]

[접속부사]

역접) however 그러나	nevertheless / nonetheless 그럼에도 불구하고
인과) therefore 그러므로	consequently 결과적으로
첨언) besides 게다가	moreover / furthermore 더욱이
가정) otherwise 그렇지 않으면	unless otherwise + 과거분사 달리 ~되지 않으면
기타) then 그러고 나서	meanwhile 한편, 그러는 사이

Check-up

1. The younger staff look up to Ms. Itoh ________ her years of experience in the field of multimedia and graphic design.

(a) because of
(b) because
(c) while
(d) now that

해설

빈칸 뒤에 her years of experience 라는 명사구가 왔으므로 빈칸에는 전치사가 들어가야 한다.

해석

젊은 직원들은 Itoh씨를 존경하는데, 이는 멀티미디어와 그래픽 디자인 분야에서 다년간의 경험을 그녀가 가지고 있기 때문이다.

look up to ⓥ
존경하다.
field ⓝ
분야, 들판

2. ________ he arrives at the airport in the next ten minutes, Mr. Santini is going to have to take a later flight.

(a) While
(b) Unless
(c) Despite
(d) However

해설

빈칸 뒤에 절이 왔으므로 빈칸에는 접속사가 들어가야 한다. 문맥상 '만약 ~하지 않다면'이 가장 자연스러우므로 Unless가 적절하다.

해석

만약 Santini씨가 10분 내에 공항에 도착하지 않으면, 더 늦은 비행기를 타야 할 것이다.

3. ________ many people want to attend the awards ceremony on Friday, extra buses will be made available to the public.

(a) Until
(b) As soon as
(c) Since
(d) During

해설

빈칸 뒤에 절이 왔으므로 접속사가 들어가야 한다. 의미상 '~이기 때문에'라는 이유를 표현하는 접속사가 적절하다.

해석

많은 사람들이 금요일에 있을 시상식에 참석하고 싶어 하기 때문에 대중들이 이용할 수 있도록 임시 버스들이 제공될 것이다.

4. Construction will begin on the new water park _______ all city permits are authorized.

(a) in case of
(b) so
(c) due to
(d) as soon as

해설

빈칸 뒤에 절이 있으므로 부사절 접속사가 들어가야 하며 주절의 시제가 미래이므로 시간 부사절 접속사가 현재시제를 써서 미래를 표현할 수 있다. 시간 부사절 접속사 as soon as가 가장 적절하다.

해석

모든 시 허가들이 인정되는 대로 새로운 수상 공원의 건설 공사가 시작될 것이다.

5. The convenience store around the corner is always open twenty-four hours a day, _______ it is a national holiday.

(a) even if
(b) whether
(c) regarding
(d) because

해설

절을 이끌 수 있는 접속사가 들어가야 하며 문맥상 '~에도 불구하고'라는 양보 부사절 접속사가 적절하다.

해석

모퉁이에 있는 편의점은 국경일이라 하더라도 하루 24시간 내내 영업한다.

6. The East Lanali Public Library will be closed _______ the heating system is renovated.

(a) however
(b) during
(c) while
(d) along

해설

빈칸 뒤에 절이 있으므로 부사절 접속사가 가장 적절하다. 보기 중에서 접속사 기능을 할 수 있는 것은 (c) while 밖에 없다.

해석

공공 도서관 East Lanali는 난방 시스템이 보수되는 동안 문을 닫을 것이다.

renovate ⓥ
개조하다, 보수하다

정답 **1.** (a) **2.** (b) **3.** (c) **4.** (d) **5.** (a) **6.** (c)

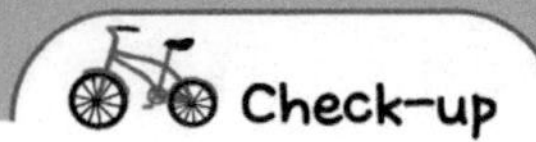

7. Your personal information will not be released to any third party ____________ we have your written permission to do so.

(a) until
(b) by
(c) then
(d) who

해설

빈칸은 완벽한 두 개의 절을 연결하는 부사절 접속사가 들어가야 올바른 자리이다. 보기에서 부사절 접속사는 until밖에 없다.

해석

당신의 개인 정보는 그렇게 하겠다는 당신의 서면 동의가 있기 전까지는 제 3자에게 공개되지 않을 것이다.

release ⓥ
1. 풀어주다, 석방하다
2. 발산하다
3. 풀어주다
4. 공개하다

permission ⓝ
허락, 허가

8. The Pentular desk cannot be shipped _________ a purchase order is signed by the department manager.

(a) despite
(b) unless
(c) nevertheless
(d) without

해설

두 개의 완벽한 절을 연결하는 자리이므로 부사절 접속사가 들어가야 한다. 부사절 접속사는 unless밖에 없다.

해석

Pentular desk는 구매 주문이 부서 매니저의 서명 되지 않으면 운송될 수 없다.

9. Many of the short stories submitted for the contest had to be rejected _____________ the authors did not follow submission guidelines.

(a) because
(b) unless
(c) anyway
(d) therefore

해설

두 개의 완벽한 절을 연결하는 부사절 접속사가 들어가야 할 자리이다. because와 unless가 부사절 접속사로 빈칸에 들어갈 수 있다. 문맥상 거절된 이유가 들어가는 것이 자연스러우므로 (a)가 정답이다.

해석

대회에 제출된 다수의 짧은 이야기는 작가가 제출 지침을 따르지 않아서 거절당했다.

10. Alicia Torres will be taking over as vice president of operations __________ Brad Di Marco retires next month.

(a) soon
(b) after
(c) even if
(d) in order to

해설

빈칸에는 완벽한 절 두 개를 연결할 수 있는 부사절 접속사가 들어가야 한다. after와 even if 중에서 문맥상 자연스러운 것은 after이다. 시간 부사절에서는 현재시제가 미래를 표현하므로 after 절에서 retires가 현재시제로 쓰인 것도 적절하다.

해석

Alicia Torres는 Brad Di Marco가 다음 달에 사임하고 나서 영업부사장으로서 인계받을 것이다.

take over ⓥ 인계받다

정답 **7.** (a) **8.** (b) **9.** (a) **10.** (b)

EXERCISE

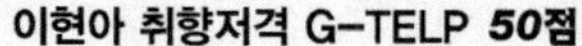

1 The movie had a boring plot and poor cinematography. The characters were uninteresting, and the story lacked twists. ___________, I don't like the movie.

(a) For instance
(b) In other words
(c) However
(d) Besides

2 Professor Chen doesn't like it when students don't pass his exams. ____________ giving surprise quizzes, he announces tests ahead of schedule so the students can prepare.

(a) Even if
(b) Instead of
(c) Besides
(d) Despite

3 The affordable hybrid car everybody has been waiting for is finally here. _________, its price won't be as low as originally advertised because the company spent a lot more on production than they had planned.

(a) Therefore
(b) However
(c) So that
(d) Owing to

4 Logan was rushed to the health care room. He accidentally burned his fingers while doing a chemistry experiment. He wasn't allowed to remove the bandage ________ the nurse told him to.

(a) until
(b) so
(c) when
(d) if

5 Ms. Brown has decided to apply for American Bank's new savings plan. The bank is offering high interest rates. ____________, the first one hundred customers will receive a free electric toaster.

(a) However
(b) Nevertheless
(c) Moreover
(d) Therefore

6 After proving to his father that his grades had really improved, Martin was allowed to play computer games again. However, he could only play ____________ he had already finished his assignments.

(a) what
(b) whether
(c) provided that
(d) regardless of

7 Some organizations help the poor by teaching them how to start and manage a small business. These organizations have already helped several people to become a business owner ____________ donating equipment like computers and kitchen appliances.

(a) although
(b) in spite of
(c) therefore
(d) instead of

8 The number of customers who use online shopping is rising dramatically. More and more buyers resort to internet shopping ______________ the prices of goods are relatively cheaper.

(a) after
(b) due to
(c) whatever
(d) because

9 The weather bureau recording indicates there's only a 20 percent chance of rain tomorrow. ________________ the weather conditions are good, the football game won't be delayed.

(a) After
(b) As
(c) Therefore
(d) So

10 Tommy Parker is one of the most famous architects in the city because of his excellent credentials. ____________ many of the high-rise buildings that can be seen throughout the city are his designs.

(a) On the contrary
(b) In fact
(c) However
(d) Besides

11 The multinational company was actively seeking management trainees ______ it had just expanded operations in Asia and needed more staff.

(a) before
(b) when
(c) so
(d) because

12 Robert doesn't have many close friends and many people don't like him. ______, he is one of the famous artists because of his wonderful talent in composing songs and playing the guitar.

(a) Nonetheless
(b) Although
(c) In addition
(d) Whether

EXERCISE

13 According to a study conducted by the International Prevention Center for Disease, over 40 million people worldwide have AIDS. ____________ several breakthroughs in their research, scientists haven't yet found a cure for the disease.

(a) Though
(b) Nonetheless
(c) In spite of
(d) Even if

14 The Public Library wants to build another building to accommodate more people, and asked its finance department to adjust its budget. Although their request was granted, actual construction won't start __________ the end of the year.

(a) until
(b) after
(c) despite
(d) so

15 Results from the National Education Assessment Organization showed that more than 40 percent of the students failed English. _____________ the Organization's efforts to improve the education system, these results are definitely substandard.

(a) As long as
(b) Despite
(c) Although
(d) Regardless of

16 My uncle Ron is encouraging me to enter the internship program at his firm. ______ I have already decided to work at a smaller company. I believe I can gain more valuable experience there.

(a) Besides
(b) In contrast
(c) Therefore
(d) However

17 James totally surprised us with his performance in the play last night. We didn't know he could act. His acting as Romeo was so convincing that it seemed ______ he had been acting for years.

(a) because
(b) therefore
(c) as though
(d) as well as

18 Some coffee shop owners in Europe have stopped buying genetically-modified coffee beans. They believe that the beans don't taste as good as natural coffee beans. __________, natural coffee beans cost less.

(a) Besides
(b) However
(c) Naturally
(d) Therefore

UNIT 03 정답과 해설 EXERCISE

01 ▶정답 (b)

| 정답 해설 |
문맥상 앞서 나온 내용의 재진술임을 알 수 있다. In other words는 '다시 말해서 (=즉)'을 뜻하는 표현으로 앞서 나온 내용을 다시 언급할 때 쓰는 연결어이다.

| 해석 |
영화는 지루한 줄거리와 안 좋은 촬영 기술을 가지고 있었다. 등장인물들은 재미없고 내용은 전환이 부족했다. 다시 말하면, 나는 정말로 그 영화를 좋아하지 않는다.

cinematography ⓝ 영화 촬영기술, 영화예술

02 ▶정답 (b)

| 정답 해설 |
빈칸 뒤에 동명사가 있으므로 전치사가 들어가야 한다. 또한 문맥상 학생들에게 시험을 준비할 수 있도록 공지를 했다는 내용과 어울리기 위해서는 '갑작스러운 퀴즈를 내는 대신에'가 가장 적절하다.

| 해석 |
Chen 교수는 학생들이 시험을 통과하지 못했을 때 그것을 싫어한다. 갑작스러운 퀴즈를 내는 것 대신에 학생들이 준비할 수 있도록 예정보다 먼저 시험을 알린다.

ahead of schedule 예정보다 먼저

03 ▶정답 (b)

| 정답 해설 |
문맥상 사람들이 기다려 온 차가 드디어 출시되었지만 가격이 예상보다 비싸다는 부정적인 이야기가 나오므로 역접을 표현하는 연결어 however가 가장 적절하다.

| 해석 |
모든 사람들이 기다려온 가격이 적당한 하이브리드 차가 마침내 여기 있다. 하지만 회사가 그들이 계획했던 것보다 생산에 더 많이 돈을 썼기 때문에 차의 가격이 원래 광고 되었던 것만큼 싸지는 않을 것이다.

affordable ⓐ 줄 수 있는; 입수 가능한, 〈가격이〉 알맞은

04 ▶정답 (a)

| 정답 해설 |
문맥상 '간호사가 제거하라고 말할 때까지'가 가장 적절하므로 until이 들어가야 한다.

| 해석 |
Logan은 보건실로 달려갔다. 그는 실수로 화학 실험을 할 때 그의 손가락에 화상을 입었다. 그는 간호사가 그에게 제거하라고 말할 때까지 붕대를 제거하는 것이 허락되지 않았다.

05 ▶정답 (c)

| 정답 해설 |
빈칸 앞에 높은 이자를 준다는 긍정의 이야기가 언급되어 있다. 빈칸 뒤에도 추가적인 혜택이 나오므로 첨가를 표현하는 연결어가 자연스럽다. moreover는 '게다가'를 뜻하는 접속부사이다.

| 해석 |
Brown씨는 American Bank의 새로운 저축 제도를 신청하기로 결정했다. 그 은행은 높은 이자율을 제공하고 있다. 게다가 처음 100명의 고객은 무료 전자 토스터를 받을 것이다.

06 ▶정답 (c)

| 정답 해설 |
그가 숙제를 끝낸 경우에만 게임을 할 수 있다는 내용이 문맥상 자연스럽다. provided that은 조건 부사절 접속사로 '~인 경우'의 뜻을 나타낸다.

| 해석 |
그의 성적이 정말로 향상되었다는 것을 아버지에게 증명하고 나서 Martin은 다시 컴퓨터 게임을 하는 것이 허락되었다. 그러나 그는 이미 그의 숙제를 끝냈어야만 게임을 할 수 있었다.

07 ▶정답 (d)

| 정답 해설 |
빈칸 뒤에 동명사가 있으므로 전치사가 들어가야 한다. in spite of는 '~에도 불구하고'라는 뜻을 나타내는 전치사이고 instead of

는 '~대신에'라는 뜻을 나타내는 전치사이다. 문맥상 instead of가 적절하다.

| 해석 |

어떤 조직들은 작은 사업을 시작하고 경영하는 방법을 가난한 사람들에게 가르침으로써 그들을 돕는다. 이 조직들은 컴퓨터와 부엌의 가전제품 같은 기계들을 기부하는 것 대신에 사람들이 사업 소유주가 되도록 이미 돕고 있었다.

appliance ⓝ 1. 기구, 장치, 설비, 전기 제품
2. 적용, 응용

08 ▶정답 (d)

| 정답 해설 |

빈칸은 완벽한 절 두 개가 왔으므로 부사절 접속사가 들어가야 한다. 문맥상 온라인 쇼핑을 더 많이 하는 이유가 들어가야 적절하다.

| 해석 |

온라인 쇼핑을 이용하는 고객들의 수가 기하급수적으로 증가하고 있다. 점점 더 많은 구매자들이 인터넷 쇼핑에 의존하고 있는데 그 이유는 상품들의 가격이 상대적으로 더 저렴하기 때문이다.

resort to ~에 의존하다

09 ▶정답 (b)

| 정답 해설 |

완벽한 절을 연결하는 부사절 접속사가 들어가야 올바르다. 문맥상 이유를 표현하는 as가 가장 적절하다. 부사절 접속사 as는 '~할 때/ ~이기 때문에 / ~함에 따라서/ ~에도 불구하고' 등 다양한 뜻을 가지고 있다.

| 해석 |

기상국 관측은 내일 비가 올 확률이 20 퍼센트라고 예측한다. 날씨의 상태가 좋기 때문에 축구 경기는 지연되지 않을 것이다.

bureau ⓝ 국, 사무소, 사무국

indicate ⓥ 나타내다, 내비치다

10 ▶정답 (b)

| 정답 해설 |

문맥상 첫 문장에서 Tommy Parker가 가장 유명한 건축가들 중 한 명이라는 내용이 나오고 빈칸 뒤에서 구체적인 이야기가 나온다. 앞선 나온 내용의 재진술이라고 볼 수 있다. In fact는 '사실상'이란 뜻으로 앞선 내용과 같은 이야기를 할 때 쓸 수 있는 연결어이다.

| 해석 |

Tommy Parker는 능력덕분에 그 도시에서 가장 유명한 건축가들 중 한명이다. 사실 이 도시에서 볼 수 있는 높이 올라간 빌딩들은 그의 디자인이다.

11 ▶정답 (d)

| 정답 해설 |

직원들을 더 많이 뽑고 있었는데 그 이유에 해당하는 내용이 빈칸 뒤에 나온다. 그러므로 이유를 나타내는 부정사 because가 자연스럽다.

| 해석 |

다국적 기업은 그것이 아시아에서 영업을 확장시키고 더 많은 직원을 필요로 하기 때문에 적극적으로 운영 수습 직원을 찾고 있었다.

trainee ⓝ 교육을 받는 사람, 수습 (직원)

management ⓝ 경영, 운영, 관리

12 ▶정답 (a)

| 정답 해설 |

문맥상 '그럼에도 불구하고'를 나타내는 nonetheless가 가장 자연스럽다. although는 접속사이므로 절과 절을 연결해야 하는데, 주어진 문장에서는 절이 하나 밖에 없으므로 올바르지 않다.

| 해석 |

Robert는 가까운 친구들이 많지 않고 많은 사람들이 그를 좋아하지 않는다. 그럼에도 불구하고 그는 노래를 작곡하고 기타 연주하는 탁월한 재능 때문에 가장 유명한 예술가들 중 하나이다.

13 ▶정답 (c)

| 정답 해설 |

문맥상 '~에도 불구하고'가 가장 자연스럽다. 빈칸 뒤에는 명사 breakthroughs가 왔으므로 전치사가 쓰여야 한다. nonetheless는 접속부사라서 명사를 데리고 올 수 없고, though와 even if는

접속사이므로 절과 절을 연결해야 한다.

| 해석 |

International Prevention Center for Disease에서 수행된 연구에 따르면 세계적으로 4000만 명 이상이 에이즈를 앓고 있다. 그들의 조사에서 몇몇 돌파구에도 불구하고 과학자들은 아직 질병의 치료법을 발견하지 못했다.

breakthrough ⓝ 돌파구

14 ▶정답 (a)

| 정답 해설 |

빈칸 뒤에는 명사가 왔으므로 전치사가 쓰여야 한다. 전치사로 쓰일 수 있는 것은 until, after, despite로 3개이지만 문맥상 '~까지'가 들어가야 하므로 until이 적절하다.

| 해석 |

공공 도서관은 더 많은 사람들을 수용할 다른 빌딩을 짓는 것을 원하며 재무 부서에 예산을 조정할 것을 요구했다. 그들의 요청이 승인되었음에도 불구하고 실제 공사는 연말까지 시작되지 않을 것이다.

accommodate ⓥ 1. 공간을 제공하다, 수용하다
2. 충분한 공간을 제공하다
3. (의견 등을) 수용하다

grant ⓥ 승인하다, 인정하다

15 ▶정답 (b)

| 정답 해설 |

빈칸 뒤에는 명사가 있으므로 전치사가 쓰여야 올바르다. 또한 regardless of는 '~와는 상관없이'라는 뜻의 전치사이다. 문맥상 '~에도 불구하고'를 표현하는 despite가 적절하다. Although는 '~에도 불구하고'라는 뜻을 가지고 있지만 접속사이고, As long as는 '~하는 한'을 뜻하는 조건 부사절 접속사이다.

| 해석 |

National Education Assessment Organization로부터의 결과는 40 퍼센트 이상의 학생들이 영어에 실패했다는 것을 보여주었다. 교육 시스템의 향상을 위한 조직의 노력에도 불구하고 이 결과는 분명히 수준 이하이다.

substandard ⓐ 수준 이하의, 조야한, 열악한

16 ▶정답 (d)

| 정답 해설 |

앞의 내용과 상반되는 내용의 문장이 시작하므로 흐름에서 가장 적절한 것은 however이다.

| 해석 |

론 삼촌은 자신의 회사의 인턴쉽 프로그램에 내가 들어올 것을 권하신다. 그러나 나는 이미 작은 회사에서 일하기로 마음먹었다. 나는 내가 거기서 보다 값진 경험을 얻을 수 있을 것이라고 믿는다.

encourage 용기를 북돋우다

firm 회사

17 ▶정답 (c)

| 정답 해설 |

빈칸 뒤에 절이 왔으므로 접속사가 와야 하는데, 동사 seemed와 호응하는 양보접속사 as though가 적절하다. seem as though[as if]는 마치 ~인 것처럼 보이다.

| 해석 |

James는 어젯밤에 있었던 연극에서 자신의 연기로 우리를 완전히 놀라게 했다. 우리는 그가 연기를 할 수 있다는 것을 알지 못했다. 로미오 역의 그의 연기는 너무나 잘 어울려서 그가 마치 수십 년 동안 연기를 해온 것처럼 보였다.

performance 연기, 수행

18 ▶정답 (a)

| 정답 해설 |

접속부사 문제이다. 앞뒤 내용이 추가하는 내용이므로 besides가 가장 적절하다.

| 해석 |

유럽의 일부 카페 주인들은 유전적으로 변형된 커피 원두의 구매를 중단했다. 그들은 그 콩이 천연 커피 콩 만큼 맛이 없다고 생각한다. 게다가 천연 커피 원두는 비용이 적게 든다.

modified 수정된

한 권에 끝내는 지텔프 50점

UNIT 04

조동사

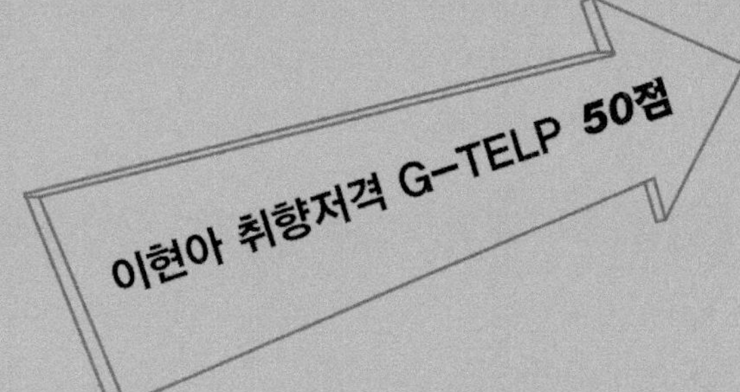

UNIT 04 조동사

조동사는 동사 앞에 쓰여서 의미를 더해주거나 강조할 수 있다. 조동사 뒤에는 항상 동사원형을 써야하고, 부정은 「조동사 + not + 동사원형」으로 쓰면 된다.
조동사 별로 의미가 다양하며, 지텔프에서 조동사는 문맥의 흐름에 적합한 조동사를 찾는 것을 문제로 묻는다. 해석을 요구하는 문제이다.

❶ will : ~일 것이다. (미래 표현)

- I will go to Tommy's birthday party tomorrow.
  나는 내일 Tommy의 생일 파티에 갈 것이다.

❷ can : ~할 수 있다. (가능)/ ~해도 된다. (허가)

- I can play the piano. 나는 피아노를 연주할 수 있다.
- Can I smoke here? 제가 여기서 담배를 펴도 될까요?

※ cannot은 '~일 리가 없다'는 뜻으로 부정에 대한 강한 추측을 표현할 수 있다.

- She cannot like that boy because he is always teasing her.
  그녀는 그 소년을 좋아할 리가 없는데, 그가 항상 그녀를 놀리기 때문이다.
- It cannot be true. 그것은 사실일 리가 없다.

❸ may : 아마 ~일 것이다.

- James may be at school. James는 아마 학교에 있을 것이다.
- Peter may not be happy about your borrowing his car.
  Peter는 네가 그의 차를 빌리는 것을 좋아하지 않을지 모른다.

❹ must : ~해야 한다. (의무) / ~임에 틀림없다. (강한 확신)

- You must obey the rules. 너는 규칙들을 준수해야 한다.
- There's the doorbell. It must be Mike. 초인종 소리다. Mike임에 틀림없다.

❺ should : ~해야 한다. (의무) / ~하는 것이 좋겠다. (충고)

- You should eat more vegetables and less red meat.

너는 야채를 더 많이 먹고 육류를 덜 먹어야 한다.

- You should go see a doctor.

너는 의사선생님 진료를 보는 게 좋겠다.

⑥ 앞선 시제를 표현하는 「조동사 + have p.p.」

- must have p.p. : ~했음에 틀림없다.

She must have received the parcel. I sent it by registered post.

그녀는 틀림없이 소포를 받았을 것이다. 내가 등기우편으로 보냈다.

- can't have p.p. : ~했을 리가 없다.

He can't have stolen the money. He was with me at that time.

그가 돈을 훔쳤을 리가 없다. 그때 나와 함께 있었으니까.

- should have p.p. : ~했어야 했는데 <하지 못한 것에 대한 후회나 유감 표현>

I should have gone to the math lesson. 그 수학 수업을 들으러 갔었어야 했는데.

- may have p.p. : ~했을 지도 모른다.

I will call, but she may have already left.

내가 전화를 해보겠지만 그녀는 이미 떠났을지도 모른다.

- could have p.p. : ~할 수도 있었는데 / ~했을지도 모른다.

We could have gone to the concert, but now it's too late.

콘서트에 갈 수도 있었지만 지금은 너무 늦어버렸다.

She could have sent a message. 그녀가 메시지를 보냈을 지도 모른다.

⑦ 명령 · 동의 · 제안 · 주장 · 요구 · 충고 동사나 명사, 이성적 판단을 나타내는 형용사가 온 다음에 that절이 '당위성(마땅히 해야 한다)'를 표현하는 경우 that절의 동사는 「(should) + 동사원형」이 되어야 한다.

• 동사	order	agree	suggest	recommend	insist
	request	inquire	demand	advise	
• 명사	decision	wish	order	suggestion	
	advice	recommendation			
• 형용사	important	vital	proper	essential	
	necessary	urgent	desirable		

- The committee suggested that Mr. Brown (should) be selected.
  그 위원회는 Brown씨를 선출할 것을 제안했다.
- It is our wish that Melanie (should) study economics in college.
  Melanie가 대학에서 경제학을 공부하는 것이 우리의 소원이다.
- It is important that the contract (should) be signed.
  계약을 맺는 것이 중요하다.
- It is essential that everybody (should) arrive on time.
  모든 사람이 정각에 도착하는 것은 필수이다.

주의 that절의 내용이 당위성을 나타내는 것이 아니라 현재나 과거의 객관적 사실을 나타내는 경우에는 that절의 동사는 인칭과 시제 일치 원칙을 따른다.

She insisted that she was present then.
그녀는 그때 참석했다고 주장했다.

He suggested that he wasn't nearly as drunk as they were.
그는 그들만큼 취하지 않았다고 말했다.

G-TELP 취향저격

〈명령/동의/제안/주장/요구/충고동사 + that + S + (should)+ 동사원형〉에서 that절의 동사는 주로 should가 생략되고 동사원형이 정답이다. 다만, 목적어 유무에 따른 능동형과 수동형(be+P.P.)가 올 수 있다는 것을 기억해야 한다.

Check-up

1. Tommy recommends that she __________ to take part in the negotiation with the potential clients.

(a) be allowed
(b) is allowed
(c) will be allowed
(d) allow

해설

명령/동의/제안/주장/요구/충고 동사 다음에 '당위성' 내용을 담은 that절이 목적어로 오면 that절의 시제는 「(should) + 동사원형」이 되어야 한다.

해석

Tommy는 그녀가 잠재적 고객들과 협상하는데 참여하는 것이 허용 되어야 한다고 권고한다.

negotiation
협상, 교섭, 절충, 협의
potential
가능성이 있는, 잠재적인

2. Mr. Frank insists that the company __________ a coffee business in China.

(a) starts
(b) be started
(c) start
(d) will start

해석

Frank는 그 회사가 중국에서 커피 사업을 시작해야 한다고 주장한다.

3. Selina hasn't eaten anything since last night. She __________ be hungry.

(a) cannot
(b) must
(c) will
(d) shall

해석

Selina는 어제 밤부터 아무 것도 먹지 않았다. 그녀는 배고픈 것이 틀림없다.

정답 **1.** (a) **2.** (c) **3.** (b)

4. Although Yuna didn't have a plan to go to the beach, she ______ not resist buying beach dress displayed at a department store.

(a) could
(b) will
(c) shall
(d) must

해설
문맥상 쇼핑 욕구를 견딜 수 없었다는 내용이 가장 적절하므로 could가 올바르다.

해석
Yuna는 바다에 갈 계획이 없었음에도 불구하고 백화점에 전시된 비치 드레스를 사고 싶어서 견딜 수 없었다.

5. The FDA requires that new medicines ________ all tests government conduct before the Pharmaceutical companies approve them.

(a) are passing
(b) be passed
(c) pass
(d) can pass

해설
명령/동의/제안/주장/요구/충고 동사의 목적어로 that절이 왔고 '당위성'을 나타내므로 that절의 동사는 「(should) 동사원형」이 되어야 한다. 동사원형은 보기는 (b)와 (c)가 있지만 all test라는 명사 목적어가 있으므로 능동태인 (c)가 정답이다.

해석
FDA는 제약 회사에서 새로운 약을 승인하기 전에 새로운 약들이 정부에서 실시하는 모든 테스트를 통과할 것을 요구한다.

6. His doctor told him it was necessary that he ____________ a kidney surgery at once.

(a) has undergone
(b) undergo
(c) will undergo
(d) be undergone

해설
이성적 판단의 형용사인 necessary가 오고 that절이 '당위성'을 담고 있는 경우 that절은 (should) 동사원형이 되어야 한다. 목적어에 해당하는 a kidney surgery가 있으므로 수동태인 (d)는 오답이다.

해석
그의 의사는 그가 신장 수술을 즉시 받는 것이 필요하다고 그에게 말했다.

7. She ordered that all managers ______________ cost-cutting measures in all branches nationwide.

(a) implement
(b) implements
(c) will implement
(d) should have implemented

해설

명령동사 order의 목적어에 '당위성'을 담고 있는 that절이 왔으므로 that절의 동사는 「(should) 동사원형」이어야 한다.

해석

그녀는 세계의 모든 지점에 있는 모든 관리자들이 비용 절감 방침을 시행해야 한다고 명령했다.

implement 시행하다
cost-cutting 비용 절감의

8. Doctors advise that healthy adults also _______ a flu vaccine every year.

(a) should get
(b) be gotten
(c) will get
(d) have gotten

해설

충고를 의미하는 advise 동사 목적어에 '당위성' 내용을 담고 있는 that절이 왔으므로 (should) 동사원형이 정답이다.

해석

의사들은 건강한 성인들도 매년 독감 예방접종을 해야 한다고 충고한다.

9. I told him that he ______________ report the loss to the credit card company to have his card blocked so no one could use it.

(a) can
(b) must
(c) might
(d) will

해설

문맥상 남이 카드를 쓰지 못하도록 카드회사에 알려야 한다는 내용이 올바르므로 의무를 표현할 때 쓰는 must가 가장 적절하다.

해석

나는 아무도 그의 카드를 쓰지 못하도록 그것을 차단시키기 위해 그가 신용카드 회사에 분실을 보고해야 한다고 말했다.

block 막다, 차단하다

정답 **4.** (a) **5.** (c) **6.** (b) **7.** (a) **8.** (a) **9.** (b)

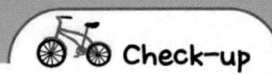

10. The experiment is so dangerous that the researchers ________ wear their gloves and masks while handling the chemicals.

(a) might
(b) can
(c) would
(d) must

해설

문맥상 안전 장비를 써야 한다는 내용이 적절하며 의무를 나타내는 조동사 must가 가장 적절하다.

해석

그 실험은 아주 위험해서 연구원들은 화학 제품을 다룰 때 장갑과 마스크를 착용해야 한다.

chemical 화학의, 화학 물질

정답 **10.** (d)

EXERCISE

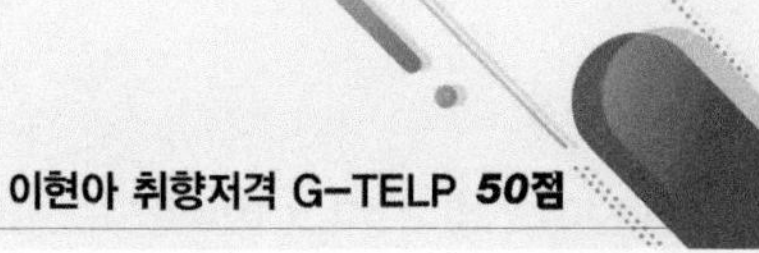

1 The ABC Corporation changed its name to Worldwide Industries, Inc. to show its stronger presence in the world market. The CEO ordered that the change in business name ________________ to the public soon.

(a) be announced
(b) announce
(c) will be announced
(d) to be announced

2 Kanul is quite sure that he aced his algebra test. He studied hard for it. That's why he ____________ solve the equations so easily when he took the test this morning.

(a) shall
(b) would
(c) might
(d) could

3 Since teachers are role models for students, the principal requires that they all _______ appropriately for school. This will make it easier to make students wear the proper dress code.

(a) will dress
(b) are dressing
(c) dressed
(d) dress

4 Restaurants and bars in the bay area were hit the hardest by the storm surge. The health department is strongly recommending that the restaurants ______________ operations until the flood subsides.

(a) suspend
(b) be suspended
(c) will suspend
(d) to suspend

5 Being a marine biology student, Harry is fascinated by seahorses, and reads everything about them. One interesting fact he learned is that seahorses ______________ suck up food from as far as three centimeters away.

(a) shall
(b) should
(c) may
(d) can

6 Reports show that US fire departments responded to more than 300,000 home structure fires in 2017. In order to avoid this kind of accident, fire officials suggest that residents ______________ all fire hazards from their homes.

(a) will remove
(b) are removing
(c) to remove
(d) remove

EXERCISE

7 Andrew asked Professor Jackson for two more days to complete his research paper. Having already given him an extension, the professor insisted that Andrew ________ his paper on the final deadline.

(a) submits
(b) submit
(c) is submitting
(d) has submitted

8 The Angel Foundation will be holding its first charity party next Monday. It is a formal event, so the organizers request that guests ________ in formal attire.

(a) will come
(b) are coming
(c) come
(d) came

9 Mrs. Vivian is very strict in implementing company rules. She orders that her staff ________ from making personal phone calls during office hours. Anyone who violates this rule will be penalized acc-ordingly.

(a) refrain
(b) will refrain
(c) has refrained
(d) is refraining

10 Martin really wants to get her money's worth. Yesterday, when he saw that the salad he ordered at a fast food joint had a piece of plastic, he demanded that they ________ his money.

(a) refund
(b) would refund
(c) were refunding
(d) be refunded

11 It is easier to get copies of music or movies nowadays than ever before. One doesn't have to go to the record bar or video shop because MP3's and videos ________ be downloaded from the internet.

(a) will
(b) can
(c) might
(d) must

12 The Giant Tigers will be playing against the Brave Warriors in this season's playoffs. Eager to win the championship, the coach urged that the team ________ its very best during the games.

(a) are exerting
(b) have exerted
(c) exert
(d) exerts

UNIT 04 정답과 해설 *EXERCISE*

01 ▶정답 (a)

| 정답 해설 |

명령 동사 order가 오고 목적어에 '당위성' 내용을 표현하는 that절이 왔으므로 that절의 동사는 동사원형이 와야 한다.

| 해석 |

ABC 회사는 세계 시장에 더 강한 존재감을 보여주기 위해 Worldwide Industries로 이름을 바꿨다. 최고 경영자는 사업 이름의 변화가 곧 대중에게 발표되어야 한다고 명령했다.

presence 있음, 존재(함), 참석

02 ▶정답 (d)

| 정답 해설 |

문맥상 공부를 열심히 해서 시험을 잘 풀수 있었다는 내용이 자연스러우므로 '능력, 가능'을 표현하는 조동사 could가 가장 적절하다.

| 해석 |

Kanul은 그가 대수학 시험에서 A학점을 받았다고 아주 확신한다. 그는 그것을 위해 열심히 공부했다. 그것이 그가 오늘 아침에 시험 칠 때 아주 쉽게 방정식을 풀 수 있었던 이유이다.

algebra 대수학

ace …에서 A평점을 받다; 완패시키다, 능가하다

equation 등식, 방정식

03 ▶정답 (d)

| 정답 해설 |

요구동사 require가 오고 목적어에 '당위성' 내용을 표현하는 that절이 왔으므로 that절의 동사는 동사원형이 와야 한다.

| 해석 |

선생님들이 학생들의 롤 모델이기 때문에 교장은 그들 모두 학교에 적합한 옷을 입어야 한다고 요구한다. 이것은 학생들이 적절한 복장 규정의 옷을 입는 것을 쉽게 만들 것이다.

principal 교장, 총장, 학장, 주요한, 주된

appropriately 적절히

04 ▶정답 (a)

| 정답 해설 |

제안 동사 recommend가 오고 목적어에 '당위성' 내용을 표현하는 that절이 왔으므로 that절의 동사는 동사원형이 와야 한다.

| 해석 |

만 주변 지역의 식당과 술집은 폭풍 해일을 가장 심하게 맞았다. 보건국은 식당 운영이 홍수가 가라앉을 때까지 중단되어야 한다고 강력하게 권고한다.

bay 만, 후미, 내포

storm surge 폭풍 해일

subside 가라앉다, 진정되다, 빠지다, 내려앉다

suspend 매달다, 중단하다, 연기하다

05 ▶정답 (d)

| 정답 해설 |

문맥상 해마가 거리가 떨어져 있는 음식도 빨아 먹을 수 있다는 능력을 표현하는 것이 가장 자연스럽다.

| 해석 |

해양 생물학 학생이 됨으로써 Harry는 해마에 매료되었으며 그들에 대한 모든 것을 읽는다. 그가 배운 하나의 재미있는 사실은 해마가 3cm만큼 떨어진 음식을 빨아 먹을 수 있다는 것이다.

marine biology 해양 생물학

seahorse 해마

suck 빨아 먹다

06 ▶정답 (d)

| 정답 해설 |

제안동사 suggest의 목적어 자리에 '당위성'을 표현하는 that절이 왔으므로 that절 동사는 동사원형이 들어가야 한다.

| 해석 |

보고서는 미국의 소방국이 2017년에 300000 이상의 집 건축물 화재에 응답했다는 것을 보여준다. 이러한 종류의 사고를 피하기 위해 소방관들은 거주자가 그들의 집으로부터 모든 위험 요소들을 제거할 것을 제안한다.

hazard 위험(요소)

07 ▶정답 (b)

| 정답 해설 |

주장 동사 suggest의 목적어 자리에 '당위성'을 표현하는 that절이 왔으므로 that절 동사는 동사원형이 들어가야 한다.

| 해석 |

Andrew는 Jackson 교수에게 연구 보고서를 완성하기 위해 2일을 더 요구했다. 이미 그에게 연장이 주어졌기 때문에 교수는 Andrew가 마감 날에 보고서를 제출해야 한다고 주장했다.

extension 확대, 연장

08 ▶정답 (c)

| 정답 해설 |

명령/동의/제안/주장/요구/충고 동사 다음에 목적어 자리에 '당위성'을 나타내는 내용이 that절로 나오면 that절의 시제는 「(should) + 동사원형」이 되어야 한다.

| 해석 |

Angel 재단은 다음주 월요일에 첫 자선 파티를 열 것이다. 이것은 공식적 이벤트라서 주최자들은 하객들이 격식을 차린 복장을 입어야 한다고 요구했다.

attire 의복, 복장

09 ▶정답 (a)

| 정답 해설 |

명령 동사 order의 목적어에 that절이 오고 '당위성'을 나타내므로 that절의 동사는 동사원형을 써야 한다.

| 해석 |

Vivian은 회사 규칙을 실행하는 것에 아주 엄격하다. 그녀는 직원들이 근무 시간에 개인적인 전화를 하는 것을 삼가야 한다고 명령한다. 이 규칙을 어기는 사람은 누구나 그에 따라 처벌 받을 것이다.

penalize 처벌하다, 벌칙을 과하다

10 ▶정답 (a)

| 정답 해설 |

요구동사 demand의 목적어 자리에 that절이 왔고 당위성을 나타내고 있다. that절의 동사는 「동사원형」 또는 「(should) 동사원형」이 되어야 한다.

| 해석 |

Martin은 그가 지불한 만큼의 대가를 얻기 바란다. 어제 그가 패스트푸드 점에서 주문한 샐러드에서 플라스틱 조각이 나온 것을 봤을 때, 그는 그들이 그의 돈을 환불해야 한다고 요구했다.

get one's money's worth 지불한 만큼의 대가를 얻다

11 ▶정답 (b)

| 정답 해설 |

문맥상 '가능'을 나타내는 조동사 can이 들어가야 가장 적절하다.

| 해석 |

요즘에는 이전보다 음악이나 영화의 복사본을 얻기 쉽다. MP3와 비디오가 인터넷에서 다운로드 되기 때문에 사람들은 음반사나 비디오 가게에 갈 필요가 없다.

12 ▶정답 (c)

| 정답 해설 |

주장/촉구를 나타내는 동사 urge의 목적어 자리에 '당위성'을 표현하는 that절이 왔다. that절의 동사는 동사원형이 되어야 한다.

| 해석 |

Giant Tiger는 시즌 오프에서 Brave Warrior를 상대로 경기할 것이다. 결승전에서 이기기 바랐기 때문에 코치는 팀이 경기 동안 가장 잘 발휘하도록 촉구했다.

win the championship 결승전에서 이기다

eager 간절히 바라는, 열렬한, 열심인, ~하고 싶어하는

exert 쓰다, 행사하다, 노력하다, 발휘하다

이현아 취향저격 G-TELP 50점

UNIT 05 동명사

동명사는 '명사'이므로 문장에서 주어, 목적어, 보어 자리에 쓰일 수 있다. 지텔프 시험에서는 주로 문두에 오는 명사자리에 들어가는 경우나 3형식 타동사의 목적어로 동명사를 선택해야 하는 문제를 묻는다.

- Watching comedy shows is my favorite activity. 코미디 쇼를 보는 것은 내가 가장 좋아하는 활동이다.
  ↳ 주어자리에 동명사가 쓰였다.

- I consider buying a new camera. 나는 새 카메라 사는 것을 고려하고 있다.
  ↳ consider의 목적어 자리에 동명사가 왔다.

- One of her habits is biting her nails. 그녀의 습관들 중 하나는 손톱을 물어뜯는 것이다.
  ↳ be 동사의 보어 자리에 동명사가 올 수 있다.

❶ 〈G-TELP 취향저격〉 주어 자리가 비었을 경우 동명사가 정답이다.

주어 자리가 빈칸으로 나왔을 때, 보기에 동명사와 to 부정사가 함께 있다면 동명사가 정답!
- Eating breakfast is good for your health. 아침을 먹는 것은 너의 건강에 좋다.
- Listening to music is my hobby. 음악을 듣는 것은 나의 취미이다.

❷ 〈G-TELP 취향저격〉 동명사를 목적어로 취하는 3형식 타동사

enjoy ~ing	~하는 것을 즐기다	risk ~ing	~하는 위험을 무릅쓰다
finish ~ing	~하는 것을 끝내다	dislike ~ing	~하는 것을 좋아하지 않다
avoid ~ing	~하는 것을 피하다	practice ~ing	~하는 것을 연습하다
recommend ~ing	~하는 것을 권고하다	suggest ~ing	~하는 것을 제안하다
delay ~ing	~하는 것을 미루다/ 연기하다	mind ~ing	~하는 것을 꺼리다
stop ~ing	~하는 것을 멈추다	deny ~ing	~하는 것을 부정/부인하다
quit ~ing	~하는 것을 그만 두다	discontinue ~ing	~하는 것을 그만두다

require ~ing	~하는 것을 요구하다	mention ~ing	~하는 것을 언급하다
consider ~ing	~하는 것을 고려하다	complete ~ing	~하는 것을 끝내다
involve ~ing	~하는 것을 포함하다	resist ~ing	~하는 것을 저항하다

❸ 〈G-TELP 취향저격〉 Stop!은 조심할 것

* stop + 동명사 : ~하는 것을 멈추다. (목적어)
* stop + to 부정사 : ~하기 위해 멈추다. (to 부정사의 부사적 용법)

- He stopped smoking three years ago. 그는 3년 전에 담배 피는 것을 그만뒀다. (=금연했다.)
- She stopped to take a rest under a tree. 그녀는 나무 아래에서 쉬기 위해 멈췄다.

❹ 〈G-TELP 취향저격〉 의미변화가 있는 동사

to 부정사와 동명사를 둘 다 목적어로 가지지만 의미가 달라지는 동사
* remember / forget + 동명사 : ~한 일을 기억하다/ ~한 일을 잊다 (완료)
* remember / forget + to 부정사 : ~할 일을 기억하다/ ~할 일을 잊다 (예정)

- I remember to watch the movie with him.
  나는 그와 함께 영화 볼 것을 기억한다. (예정)
- I remember watching the movie with him.
  나는 그와 함께 영화 본 것을 기억한다. (완료)

- Don't forget to attend the meeting.
  모임에 참석할 것을 잊지 마세요. (예정)
- I will never forget seeing her at the party.
  나는 파티에서 그녀를 만난 것을 잊지 못할 것이다. (완료)

❺ 〈G-TELP 취향저격〉 동명사를 활용한 빈출표현

* go ~ing : ~하러 가다
  - We go fishing on weekends. 우리는 주말마다 낚시하러 간다.

* be busy (in) ~ing : ~하느라 바쁘다
  - I am busy taking care of my nephew. 나는 조카를 돌보느라 바쁘다.

* on/upon ~ing : ~하자마자
  - On arriving, she started to read articles. 도착하자마자, 그녀는 기사들을 읽기 시작했다.

* keep (on) ~ing : ~하기를 계속하다
  - We keep playing the guitar after work. 우리는 퇴근 후에 기타 연주를 계속한다.

* look forward to ~ing : ~하기를 학수고대하다. (=~하기를 기대하다)
  - He is looking forward to meeting you. 그는 너를 만나는 것을 학수고대하고 있다.

* feel like ~ing : ~하고 싶다
  - I don't feel like watching the movie now. 나는 지금 영화를 보고 싶지 않다.

* be devoted to ~ing : ~하는데 헌신하다
  - Her life was devoted to helping the poor. 그녀의 인생은 가난한 사람들을 돕는데 바쳐졌다.

* object to ~ing : ~하는데 반대하다
  - They objected to inviting him to the party. 그들은 그를 파티에 초대하는 것에 반대했다.

Check-up

1. __________ menus to accommodate the desires of patrons is an important part of ensuring their satisfaction.

(a) Update
(b) Updated
(c) Updating
(d) Updates

해설

주어 자리가 빈칸이므로 동명사가 들어가야 한다.

해석

고객의 바람에 부응하기 위해 메뉴를 업데이트 하는 것은 그들의 만족을 확실하게 하는 중요한 부분이다.

patron
보호자, 후원자, 지지자, 단골손님, 고객
accommodate
공간을 제공하다, 수용하다, 부응하다
ensure
안전하게 하다, 지키다, 확실하게 하다, 보증하다

2. To catch up with market trends, the company already has begun __________ a new line of tablet computers.

(a) producing
(b) to be produced
(c) produces
(d) product

해설

begin은 목적어 자리에 to 부정사나 동명사를 의미차이 없이 가질 수 있다. 보기 중에 동명사만 있으므로 (a)가 정답이다. (b)의 to 부정사는 수동태의 형태로 나왔는데, 빈칸 뒤에 a new line of tablet computers 라고 목적어가 있으므로 올바르지 않다.

해석

시장 동향을 따라가기 위해 회사는 이미 태블릿 컴퓨터의 새로운 생산 라인을 만들기 시작했다.

catch up with
따라가다, 따라잡다, 체포하다

3. It is advisable not to use too many illustrations in a presentation to avoid __________ people.

(a) distracting
(b) distract
(c) to distract
(d) distraction

해설

빈칸 앞에 동사가 avoid이므로 동명사가 목적어로 들어가야 한다.

해석

발표 시 사람들의 주의가 산만해지지 않도록 하려면 너무 많은 삽화를 사용하지 않는 것을 권장한다.

정답 **1.** (c) **2.** (a) **3.** (a)

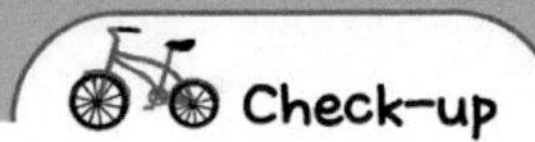

4. Please remember ____________ your signature at the bottom of the order form.

(a) to include
(b) including
(c) to be included
(d) having included

해설

빈칸은 remember의 목적어 자리이다. remember는 목적어로 동명사와 to 부정사를 모두 목적어로 취하지만 '완료'된 일에 대해서는 동명사, '예정'된 일에 대해서는 to 부정사를 쓴다. 문맥상 '미래에 서명할 것을 기억하라'는 뜻이 되므로 to 부정사가 적절하다.

해석

주문서 맨 아래에 서명하는 것을 잊지 마세요.

5. Currently, the most essential task is to finish ____________ the new corporate logo since no new publications can be printed without it.

(a) to design
(b) designing
(c) to be designed
(d) having designed

해설

finish는 동명사만을 목적어로 가지는 3형식 타동사이다.

해석

현재 가장 필수적 작업은 새로운 출판물이 로고 없이는 인쇄될 수 없기 때문에 새로운 회사 로고를 디자인하는 것을 끝내는 것이다.

publication
출판, 발행, 출판물

6. The sales manager spends considerable time ______________ his team members and new employees.

(a) training
(b) to be trained
(c) trains
(d) to train

해설

「spend + 시간/돈 + ~ing」 구문은 '~ing 하는데 시간/돈을 쓰다'는 표현이다.

해석

판매 관리자들은 그의 팀 구성원과 새로운 직원들을 훈련시키는 것에 상당한 시간을 쓴다.

considerable
상당한, 많은

7. To avoid ______________ your audience during your presentation, please do not use complex layouts.

(a) distraction
(b) to distract
(c) distracting
(d) having distracted

해설
avoid는 목적어 자리에 동명사만을 취하는 3형식 타동사이다.

해석
당신이 프레젠테이션 할 동안 청중을 산만하게 하는 것을 피하기 위해 복잡한 배치를 사용하지 마십시오.

distract
집중이 안 되게 하다, 산만하게 하다, 주의를 딴 데로 돌리다
layout
배치, 지면 배정

8. The Empire Theatre box office will stop ______ tickets fifteen minutes before the beginning of the show.

(a) is selling
(b) selling
(c) sold
(d) was sold

해설
stop는 목적어 자리에 동명사만을 가진다. 단, stop은 1형식 동사로도 쓰이기 때문에 stop 뒤에 to 부정사가 오는 경우에는 '~하기 위해서 멈추다'로 해석을 해야 한다. 문맥상 '~하는 것을 멈추다'인지 '~하기 위해서 멈추다'인지를 반드시 확인해야 한다.

해석
Empire Theatre 매표소는 공연이 시작하기 15분 전에 티켓 판매를 중지할 것이다.

9. ______________ us of an increase in workload made it possible for us to hire additional staff.

(a) Warned
(b) Warn
(c) Warns
(d) Warning

해설
주어 자리가 빈칸이므로 동명사가 주어로 들어가야 적절하다.

해석
작업량이 증가한다고 우리에게 경고하는 것은 우리가 추가 직원을 고용하는 것을 가능하게 한다.

정답 **4.** (a) **5.** (b) **6.** (a) **7.** (c) **8.** (b) **9.** (d)

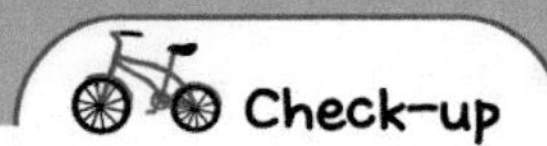

10. Ms. Pieraccini had nearly finished ________ the budget report when she noticed an error in the title page.

(a) edit
(b) to edit
(c) editing
(d) to be edited

빈칸은 finish의 목적어 역할을 하면서 빈칸 뒤 the budget report라는 목적어를 취하고 있다. finish는 목적어로 동명사만을 취하므로 editing이 적절하다.

해석

Pieraccini씨는 표지에 오류가 있다는 것을 발견했을 때 예산 보고서를 거의 다 편집했었다.

정답 **10.** (c)

EXERCISE

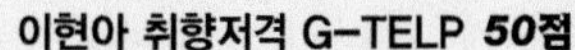

1 Bill sells cars for a living. He likes to work with people and is interested in cars. ___________ cars is fun for Bill.

(a) Sells
(b) Having sold
(c) Selling
(d) Sell

2 Mattew has left for the supermarket. I told him to buy meat and wine, but I forget about the ingredients for the salad. I should have also mentioned ___________ some cheese and vegetables.

(a) getting
(b) to get
(c) to be getting
(d) having gotten

3 When the warring factions reached an agreement on a ceasefire, both sides celebrated the event. Obviously, they considered _______ progress.

(a) to make
(b) made
(c) makes
(d) making

4 Breakfast is the most important meal of the day. ___________ breakfast gives us many benefits such as maintaining a stable blood sugar level and achieving a healthy weight.

(a) To be had
(b) Having had
(c) To have
(d) Having

5 My brother is not very active. He sits at home each evening and devotes most of his time to ___________ TV.

(a) having watched
(b) watches
(c) watched
(d) watching

6 Steve eats too much candy and never brushes his teeth. His dentist is worried about his ___________ so many sweets.

(a) eating
(b) ate
(c) to eat
(d) having eaten

EXERCISE

7 To keep in shape, William goes to the gym regularly and engages in various sports. He has also stopped ______________; a habit that used to make him tired easily during physical activities.

(a) to smoke
(b) smoking
(C) having smoked
(d) to be smoking

8 Jimmy works at a restaurant where he makes all of the desserts. He loves ____________ cakes and pies for his customers.

(a) baking
(b) bakes
(c) baked
(d) bake

9 Eddie sleeps eight hours each night. If he sleeps less than eight hours, he wakes up tired. ________________ eight hours makes Eddie feel good in the morning.

(a) Sleeping
(b) Sleep
(c) Sleeps
(d) To be slept

10 Mr. Kim is planning to buy a secondhand car to save money. However, he might spend a lot for the car's repair because of its poor condition. Perhaps he should consider ______________ a new one instead.

(a) having bought
(b) to be buying
(c) to buy
(d) buying

UNIT 05 정답과 해설 EXERCISE

01 ▶정답 (c)

| 정답 해설 |

주어 자리가 빈칸이므로 동명사가 들어가야 한다.

| 해석 |

Bill은 생계를 위해 차를 판다. 그는 사람들과 일하는 것을 좋아하고 차에 관심이 있다. 차를 파는 것은 Bill에게 흥미가 있는 것이다.

02 ▶정답 (a)

| 정답 해설 |

동사 mention은 목적어로 동명사만을 취한다. getting이 정답이다.

| 해석 |

Mattew는 슈퍼마켓으로 떠났다. 나는 그에게 고기와 와인을 사오라고 말했으나 샐러드 재료에 대해서 말하는 것을 잊었다. 약간의 치즈와 야채를 사오라고 말했어야 했는데.

ingredient 재료, 성분

03 ▶정답 (d)

| 정답 해설 |

consider은 목적어 자리에 동명사만을 목적어로 가지는 3형식 타동사이다.

| 해석 |

서로 교전 중인 파벌이 휴전 협정에 도달했을 때, 양 진영은 이 일을 축하했다. 명백히 그들은 진보하는 것을 고려했다.

faction 파벌, 당파

ceasefire 휴전, 정전

progress 전진, 진행, 진보, 경과, 과정

04 ▶정답 (d)

| 정답 해설 |

주어 자리가 빈칸이므로 동명사가 들어가야 한다.

| 해석 |

아침밥은 하루의 가장 중요한 식사이다. 아침을 먹는 것은 안정적인 혈당 수치를 유지시켜주고 건강한 몸무게를 이루는 것과 같은 많은 이점을 준다.

stable 안정된, 차분한

05 ▶정답 (d)

| 정답 해설 |

「devote＋목적어＋to ～ing」의 구문으로 '목적어가 ～ing하는데 시간을 쓰다/헌신하다'로 해석한다. 수동태의 형태로 나오면 「be devoted to ～ing」구문이 된다.

| 해석 |

나의 남동생은 아주 활동적이지 않다. 그는 매일 저녁에 집에 앉아 있으며 그의 대부분의 시간을 TV보는데 쓴다.

devote 바치다, 쏟다, 기울이다, 충당하다

06 ▶정답 (a)

| 정답 해설 |

전치사 about의 목적어 자리이므로 동명사가 들어가야 한다. 빈칸 앞에 쓰인 his는 소유격 인칭대명사이며 동명사의 의미상 주어를 나타낸다. 동명사의 의미상 주어는 동명사를 실제적으로 하는 주체라고 생각하고 해석하면 된다.

| 해석 |

Steve는 사탕을 너무 많이 먹고 이를 닦지 않는다. 그의 치과 의사는 그가 단 것을 너무 많이 먹는 것에 대해 걱정한다.

07 ▶정답 (b)

| 정답 해설 |

stop은 '～하는 것을 멈추다'는 뜻으로 3형식 타동사로 쓰이면 목적어 자리에 동명사만을 써야 한다. 1형식 동사로 쓰이는 경우 '～하기 위해서 멈추다'로 해석하므로 반드시 문맥을 통해 자동사로 쓰인 것인지 타동사로 쓰인 것인지 확인해야 한다.

| 해석 |

좋은 형태를 유지하기 위해 William은 정기적으로 체육관에 가서 다양한 운동에 몰두한다. 그는 또한 신체 활동할 동안 그를 쉽게 피곤하게 만들었던 습관인 담배를 끊었다.

keep in shape 형태를 유지하다
engage in 몰두하다

08 ▶정답 (a)

| 정답 해설 |

love는 목적어 자리에 to 부정사와 동명사를 모두 의미차이 없이 쓸 수 있다. 보기에는 동명사만이 있으므로 (a)가 정답이다.

| 해석 |

Jimmy는 그가 모든 디저트를 만드는 식당에서 일한다. 그는 고객들을 위해 케이크와 파이를 굽는 것을 좋아한다.

09 ▶정답 (a)

| 정답 해설 |

주어 자리가 빈칸이므로 동명사가 들어가야 한다.

| 해석 |

Eddie는 매일 밤에 8시간을 잔다. 그가 8시간 이하로 잠을 잔다면 그는 피곤한 상태로 일어난다. 8시간을 자는 것은 Eddie가 아침에 기분 좋게 만든다.

10 ▶정답 (d)

| 정답 해설 |

consider는 동명사만을 목적어로 취하는 타동사이다.

| 해석 |

Kim씨는 돈을 아끼기 위해 중고차를 살 계획이다. 그러나 그는 차의 안 좋은 상태 때문에 차 수리에 많은 돈을 써야 할 것이다. 아마도 그는 대신에 새 차를 살 것을 고려해야 한다.

secondhand 간접의, 전해들은, 중고의

UNIT 06

To 부정사

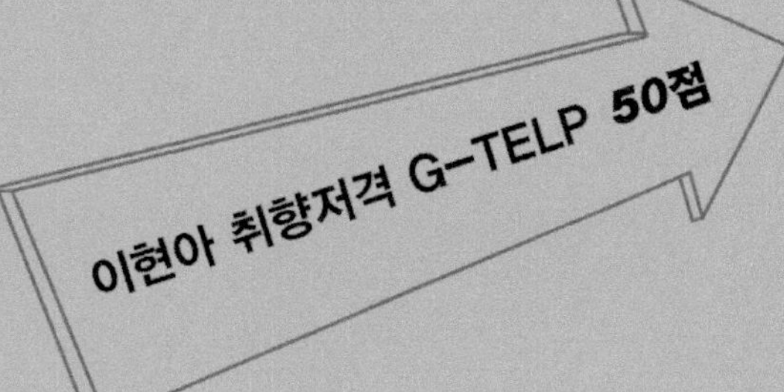

UNIT 06 To 부정사

「to 부정사 + 동사원형」을 to 부정사라고 부르는데, 문장에 쓰이는 위치나 역할에 따라서 명사적 용법, 형용사적 용법, 부사적 용법으로 나뉜다.
명사적 용법으로 쓰이는 경우 목적어 자리와 목적 보어 자리에 쓰이는 경우를 지텔프에서 문제로 묻는다.

❶ 〈G-TELP 취향저격〉 to 부정사를 목적어로 취하는 3형식 타동사

want to V	~하는 것을 원하다	plan to V	~하는 것을 계획하다
would like to V	~하기를 원하다	help to V	~하는 것을 돕다
seem to V	~하는 것처럼 보이다	decide to V	~하는 것을 결정하다
hope to V	~하는 것을 희망하다	promise to V	~하는 것을 약속하다
intend to V	~하는 것을 의도하다	wish to V	~하는 것을 소망하다
tend to V	~하는 경향이 있다	learn to V	~하는 것을 배우다
hesitate to V	~하기를 주저하다	manage to V	(그럭저럭)~을 해내다
need to V	~할 필요가 있다	expect to V	~하는 것을 기대하다/예상하다
refuse to V	~하는 것을 거부하다	fail to V	~하는 것을 실패하다

❷ 〈G-TELP 취향저격〉 5형식 동사 뒤 목적보어 자리를 묻는다.

want + 목적어 + to V	목적어가 ~하는 것을 원하다
tell + 목적어 + to V	목적어가 ~하도록 말하다
persuade + 목적어 + to V	목적어가 ~하는 것을 설득하다
ask + 목적어 + to V	목적어가 ~하는 것을 요청하다
cause + 목적어 + to V	목적어가 ~하는 것을 야기시키다
allow + 목적어 + to V	목적어가 ~하는 것을 허락하다
enable + 목적어 + to V	목적어가 ~하는 것을 가능하게 하다
require + 목적어 + to V	목적어가 ~하는 것을 요구하다
order + 목적어 + to V	목적어가 ~하는 것을 명령하다
expect + 목적어 + to V	목적어가 ~하는 것을 예상하다/기대하다

get + 목적어 + to V	목적어가 ~하도록 시키다
encourage + 목적어 + to V	목적어가 ~하도록 용기를 주다
advise + 목적어 + to V	목적어가 ~하도록 충고하다
force + 목적어 + to V	목적어가 ~하는 것을 강요하다

G-TELP 취향저격

과거시제가 정답이 되는 시간부사

동사와 빈칸 사이에 부사가 아닌 것이 있으면 목적어일 가능성이 크다. 그런 경우 동명사가 아니라 To 부정사를 선택하자. 목적어에 해당하는 것은 주로 사람 이름이나 인칭대명사의 목적격이 나온다. (예 me, you, him, her, us, them)

❸ to 부정사의 형용사 용법

to 부정사가 형용사로 쓰이면 명사 뒤에 쓰여서 그 명사를 수식할 수 있다. (후치 수식) 해석은 '~할, ~하는, ~한'으로 하면 된다.

- I have something to tell you. 나는 너에게 말할 것이 있다.

- We don't want to do anything to hurt his feelings.

우리는 그의 감정을 다치게 할 어떤 일도 하기를 원치 않는다.

❹ to 부정사의 부사적 용법

- 형용사를 뒤에서 수식한다.

The rule is not easy to remember.

그 규칙은 기억하기 쉽지 않다.

- '목적'을 의미하는 것으로 해석은 '~하기 위해서'로 해석한다.

지텔프 시험에서 to 부정사의 부사적 용법으로 묻는 문제에서는 가장 출제가 높다.

목적의 의미를 표현하는 경우 「in order to + 동사원형」으로 바꿔 쓸 수 있다.

We went to the station to see Marry off.

우리는 Marry를 배웅하기 위해 역에 갔다.

I study English hard to get a good job.

나는 좋은 직장을 얻기 위해서 열심히 영어 공부를 한다.

- 감정의 원인을 나타내는 어휘와 함께 쓰여서 '~하게 되어서 ... 하다'의 용법으로도 쓰인다.
  I was happy to meet my favorite actor.
  내가 가장 좋아하는 배우를 만나게 되어서 행복했다.

- 판단의 근거를 나타내는 경우 '~하는 것을 보니 ...하다'로 해석하면 된다.
  You must be proud to see your sister succeed.
  네 여동생이 성공하는 것을 보니 너는 자랑스러움에 틀림없겠다.

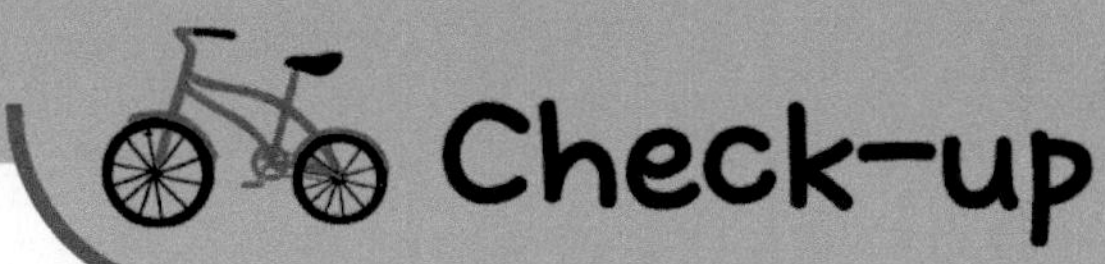

1. The construction company wants ___________ costs by moving to a less expensive location.

(a) reduction
(b) to reduce
(c) reducing
(d) to be reduced

해설
want는 to 부정사만을 목적어로 취하는 타동사이다.

해석
건축 회사는 덜 비싼 장소로 옮김으로써 비용을 줄이기 원한다.

2. TPG Financial Planning welcomes the opportunity ___________ you in your business and looks forward to a mutually beneficial relationship.

(a) assisting
(b) having assisted
(c) to be assisted
(d) to assist

해설
명사 opportunity를 후치 수식하는 to 부정사(형용사 용법)이 들어가야 올바르다. to 부정사가 형용사 용법으로 쓰여 명사를 수식하는 경우 '~할/ ~하는/ ~한'으로 해석하면 된다.

해석
TPG Financial Planning은 당신의 사업을 위해 당신을 도울 기회를 기꺼이 받아들이며 상호적으로 유익한 관계를 기대한다.

beneficial
유익한, 이로운

3. The delegates from India are likely _________ our plant to see the manufacturing process.

(a) visitor
(b) to be visited
(c) to visit
(d) visiting

해설
「be likely to V」는 '~할 가능성이 높다'는 관용표현이다.

해석
인도의 대표자는 제조 공정을 보기 위해 우리 공장을 방문할 것이다.

delegate
대표, 대표자
be likely to
~할 것 같다

1. (b) **2.** (d) **3.** (c)

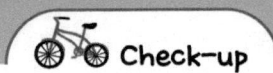

4. ______________ the processing of your claim, include your customer identification number on all correspondence.

(a) To expedite
(b) To be expedited
(c) To expediting
(d) Expediting

해설

콤마 앞까지는 문장의 필수 성분이 아닌 부사가 들어가야 한다. 문맥의 해석상으로도 '~하기 위해서'가 자연스러우므로 to 부정사의 부사적 용법이 가장 적절하다.

해석

당신의 요구를 더 신속하게 처리하기 위해 모든 서신에 고객 식별 번호를 포함하라.

expedite 더 신속히 처리하다
identification 신원 확인, 신분 증명, 식별
correspondence 서신, 관련성

5. If you require additional information about our products, please do not hesitate ______________ the customer service department.

(a) contact
(b) to contact
(c) contacting
(d) having contacted

해설

hesitate의 목적어 자리이므로 to 부정사가 들어가야 올바르다.

해석

우리의 제품에 대해 부가적 정보를 원한다면, 고객 서비스 부서에 연락하는 것을 주저하지 마세요.

6. Due to a dramatic increase in its student population, the directors of Filmont School have decided ______________ ten additional teachers for the upcoming school year.

(a) to hire
(b) hiring
(c) to be hired
(d) being hired

해설

decide는 to 부정사만을 목적어로 취하는 타동사이다.

해석

학생 인구가 극적으로 증가했기 때문에 Filmont 학교 교장은 다가오는 학년을 위해 10명의 추가적인 선생님을 고용하기로 결정했다.

upcoming 다가오는, 곧 있을

7. If you are not able ______________ the annual shareholders' meeting, you can send your proxy with authorization.

(a) attending
(b) to attend
(c) to be attended
(d) being attended

해설

「be able to V」는 '~할 수 있다'는 관용 표현이다.

해석

당신이 연간 주주 총회에 참석할 수 없다면 당신은 허가를 받고 대리인을 보낼 수 있다.

proxy 대리인
authorization 허가

8. Apart from Ms. Wattanasin, everyone on the team needed additional time ______________ the Web design tutorial.

(a) complete
(b) has completed
(c) completing
(d) to complete

해설

문맥상 빈칸은 명사 time을 수식하는 to 부정사가 들어가야 적절하다. 「time to 부정사」는 '~할 시간'으로 해석하면 된다.

해석

Wattanasin씨와는 별도로 그 팀의 모든 사람들은 그 웹 디자인 교본을 완성할 추가 시간이 필요했다.

tutorial 개별 지도 시간, 사용 지침서

9. ______________ ensure that they can handle customer complaints effectively, all sales representatives must complete a rigorous training program.

(a) In regard to
(b) In order to
(c) For
(d) Because

해설

문장의 주어는 all sales representatives, 동사는 must complete, 목적어는 training program으로 완벽한 문장이다. 빈칸부터 콤마까지는 부사가 들어가야 하며 문맥상 '목적'을 나타내면서 동사원형을 취할 수 있는 「in order to 부정사」가 가장 적절하다.

해석

고객 불만을 효과적으로 처리할 수 있도록, 모든 영업 사원들은 엄격한 교육 프로그램을 마쳐야 한다.

rigorous 철저한, 엄격한
representative 대표, 대리인, 외판원

정답 **4.** (a) **5.** (b) **6.** (a) **7.** (b) **8.** (d) **9.** (b)

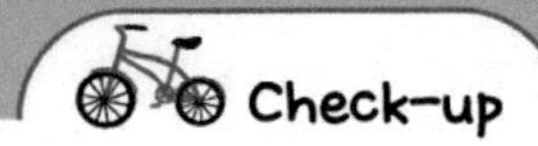

10. To handle the increase in sales, the human resources department plans ____________ a number of new employees.

(a) recruited
(b) recruitment
(c) recruiting
(d) to recruit

해설

빈칸 바로 앞에 온 동사 plan은 목적어로 to부정사를 취한다.

해석

늘어난 매출을 처리하기 위해, 인사부는 많은 신입 사원을 채용할 계획이다.

recruit
모집하다, 뽑다

정답 **10.** (d)

EXERCISE

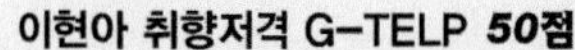

1 Sally lost her smartphone in school yesterday. She kept it in her locker while she attended gym class. She is now going to the principal's office ______________ what happened.

(a) having reported
(b) to be reporting
(c) to report
(d) reporting

2 Mr. Harris has been working for Aquaville Enterprises as long as I can remember. He started as a clerk before being promoted to senior accountant eventually. He plans __________ when he turns sixty next year.

(a) having retired
(b) to be retired
(c) to retire
(d) retiring

3 Angela hopes to have a grand party when she turns fifteen. It has always been her wish ______________ her fifteenth birthday wearing an elegant dress while dancing gracefully with a handsome boy.

(a) to celebrate
(b) celebrating
(c) to have celebrated
(d) having celebrated

4 Mother was quite touched after she received the card we made for her on Mother's day. She was moved that we decided ________ a personalized card for her instead of just buying one from a store.

(a) having made
(b) to be making
(c) making
(d) to make

5 Bella refused her friends' invitation to hang out in their favorite restaurant. She still has a research paper ______________, and is going straight to the library after class to work on it.

(a) write
(b) written
(c) to write
(d) to be writing

6 Already in her third year in college, Juliet still can't decide what to do after graduation. She should stop ________ from one major to another if she wants to graduate and get a job soon.

(a) to transfer
(b) transferring
(c) having transferred
(d) to be transferring

EXERCISE

7 It is unfortunate that many talented but inexperienced filmmakers at Disney Films are not given more directorial projects. Because only a few get the chance ____________ their own film, many people are frustrated.

(a) to be making
(b) having made
(c) to make
(d) making

8 I will miss my best friend Sophie. She will study Chinese in Beijing this Fall and will stay there for more than a year. I told her ____________ me an email as soon as she arrives there.

(a) to send
(b) sending
(c) having sent
(d) to have sent

9 Watson cannot play for the college football team this year. The doctor advised him ____________ the team after he broke his left ankle during the final game.

(a) to be quitting
(b) having to quit
(c) quitting
(d) to quit

10 Mr. Smith has been so busy working at company. When he had relatives and friends at his new apartment for a house warming party, he decided ____________ to a restaurant to have dinner instead of cooking himself.

(a) to go
(b) going
(c) to have gone
(d) having gone

UNIT 06 정답과 해설 EXERCISE

01 ▶정답 (c)

| 정답 해설 |
go는 1형식 자동사이므로 문장에서 더 이상 필요한 품사가 없다. 또한 「전치사 to + 장소명사」를 써서 가는 방향을 나타내고 있다. 문장에서 부사가 들어갈 수 있으며 문맥상 목적을 나타내는 것이 가장 자연스럽다. To 부정사를 써서 목적을 나타낼 수 있다.

| 해석 |
Sally는 어제 그녀의 스마트폰을 학교에서 잃어버렸다. 그녀가 체육 수업을 듣는 동안 지갑을 락커에 보관했었다. 그녀는 무슨 일이 일어났는지를 보고하기 위해 지금 교장실로 가는 중이다.

02 ▶정답 (c)

| 정답 해설 |
plan은 타동사로서 목적어 자리에 to 부정사만을 쓴다.

| 해석 |
Harris는 내가 기억하는 만큼 오랫동안 Aquaville En- terprises에서 일했다. 그는 상급 회계사로 마침내 승진하기 전에 사원으로 시작했다. 그는 내년에 60살이 될 때 은퇴할 계획이다.

03 ▶정답 (a)

| 정답 해설 |
It이 가주어로 쓰였다. 빈칸은 진주어 자리이므로 to 부정사가 올바르다.

| 해석 |
Angela는 그녀가 15세가 될 때 성대한 파티를 하는 것을 희망한다. 우아한 옷을 입고 잘생긴 소년과 우아한 춤을 추면서 자신의 15세 생일을 축하하는 것은 항상 그녀의 소망이다.

04 ▶정답 (d)

| 정답 해설 |
decide는 목적어 자리에 to 부정사만을 가진다.

| 해석 |
엄마는 어머니의 날에 우리가 그녀를 위해 만든 카드를 받고 나서 아주 감동 받았다. 우리가 가게에서 카드를 사는 대신 개인 카드를 만들기로 결심한 것에 그녀는 감동받았다.

personalize 표시를 하다, 개인의 필요에 맞추다, 개인화 하다

05 ▶정답 (c)

| 정답 해설 |
명사 paper를 후치 수식하는 to 부정사가 들어가야 적절하다. to 부정사의 형용사 용법은 '~할/ ~하는/ ~한'으로 해석하면 된다.

| 해석 |
Bella는 가장 좋아하는 식당에서 즐거운 시간을 보내자는 그녀 친구들의 초대를 거절했다. 그녀는 아직 써야 할 연구 보고서가 있으며 그것을 작업하기 위해 수업 끝나고 도서관으로 곧장 갈 것이다.

hang out (많은) 시간을 보내다, 어울려 놀다

06 ▶정답 (b)

| 정답 해설 |
문맥상 '전공을 바꾸는 것을 멈추다'가 되어야 자연스럽다. stop의 목적어 자리이므로 동명사가 들어가야 한다. stop은 자동사로 쓰이면 to 부정사와 함께 쓰여서 '~하기 위해서 멈추다'가 되므로 반드시 문맥상 해석을 통해서 찾아야 한다.

| 해석 |
벌써 대학 3학년인데 Juliet은 졸업 후에 무엇을 할지 아직 결정하지 못한다. 그녀는 졸업하고 바로 직장을 얻고 싶다면 한 전공에서 다른 전공으로 옮기는 것을 멈춰야 한다.

07 ▶정답 (c)

| 정답 해설 |
명사 chance를 후치 수식하는 to 부정사가 들어가야 한다. '그들 자신의 영화를 만들 기회'로 해석하는 것이 올바르다.

| 해석 |
디즈니 영화사에 많은 재능 있지만 경험 부족한 영화 제작자들이 더 많은 감독의 일을 받지 않는다는 것은 안타까운 일이다. 단지

소수가 그들의 영화를 만들 기회를 얻기 때문에 많은 사람들은 좌절한다.

directorial 감독의

08 ▶정답 (a)

| 정답 해설 |

tell의 목적보어 자리가 빈칸으로 나왔다. tell은 5형식에 쓰이면 목적보어로 to 부정사를 쓴다. 해석은 '목적어에게 to 부정사 할 것을 말하다'로 하거나 '목적어가 to 부정사 하도록 말하다'로 하면 된다.

| 해석 |

나는 가장 친한 친구인 Sophie를 그리워할 것이다. 그녀는 이번 가을에 베이징에서 중국어를 공부할 것이고 거기서 1년 이상 머무를 것이다. 나는 그녀가 거기 도착하자마자 나에게 이메일을 보내달라고 말했다.

09 ▶정답 (d)

| 정답 해설 |

5형식 타동사 advise의 목적보어 자리가 빈칸으로 나왔다. advise는 목적보어 자리에 to 부정사를 쓰는 동사이다.

| 해석 |

Watson은 이번 해에 대학 축구팀에서 경기할 수 없다. 그가 결승전에서 왼쪽 발목이 부러지고 나서 의사는 그에게 팀을 중단하라고 충고했다.

ankel 발목

10 ▶정답 (a)

| 정답 해설 |

decide는 to 부정사를 목적어로 취하는 3형식 타동사이다. 동사 바로 뒤가 빈칸으로 나왔으므로 to 부정사가 들어가는 것이 올바르다.

| 해석 |

Smith는 회사에서 일하는 데 너무 바빴다. 집들이 때문에 그의 새 아파트에 친척들과 친구들이 있었을 때 그는 직접 요리하는 것 대신에 저녁을 먹으러 식당에 가기로 결심했다.

UNIT 07

관계사

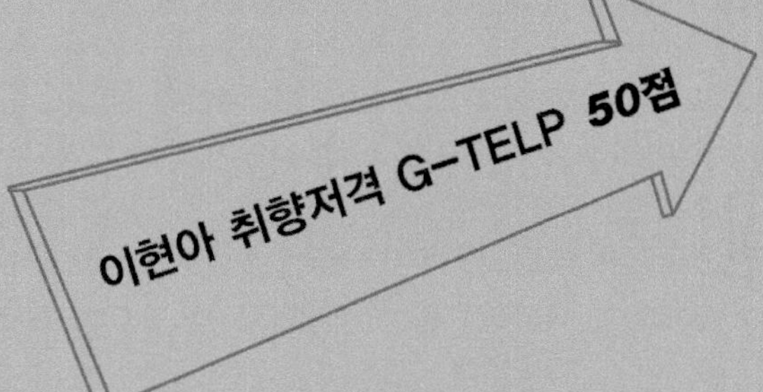

UNIT 07 관계사

01 관계사절

관계대명사는 '접속사 + 대명사' 역할을 하며 두 문장의 공통 요소를 연결한다.

We interviewed three candidates. The three candidates have three year's experience. 우리는 3명의 지원자들을 면접했다. 그 3명의 지원자들은 3년간의 경력이 있다.
→ We interviewed three candidates who have three year's experience.

❶ 관계대명사의 종류

선행사	주격	소유격	목적격
사람	who	whose	who(m)
사물, 동물	which	whose / of which	which
사람, 사물, 동물	that	-	that
선행사를 포함하는 관계대명사	what	-	what

The man who / that ~~(which)~~ is working over there is our manager, James Hwang. 저기서 일하고 있는 남자는 우리 매니저인 제임스 황씨이다.

❷ 관계대명사의 격

a. 주격 관계대명사 who, which, that은 선행사를 대신해 자신이 이끄는 절 안에서 주어 역할을 한다. 선행사가 사람인 경우 who나 that을, 사물, 동물인 경우 which나 that을 사용한다.

- I like people who laugh loudly and often. 나는 큰 소리로 자주 웃는 사람들을 좋아한다.
- The dog that was chained to the tree disappeared. 나무에 묶여 있던 개가 사라졌다.

b. 목적격 관계대명사 who(m), which, that은 선행사를 대신해 자신이 이끄는 절 안에서 목적어 역할을 한다. 선행사가 사람인 경우 who(m)이나 that을, 사물·동물인 경우에는 which나 that을 사용한다.

- The coffee shop which I like is close to the train station.
  내가 좋아하는 커피숍은 기차역에서 가깝다.
- This restaurant is the place which I booked for the meeting with our client.
  이 식당이 내가 우리 고객과의 만남을 위해 예약했던 장소이다.

c. 소유격 관계대명사는 선행사의 소유격 역할을 하며 사람·사물·동물에 관계없이 whose를 쓴다.

- I received a phone call from a girl whose voice was very beautiful.
  나는 목소리가 매우 아름다운 한 소녀로부터 전화를 받았다.

❸ 선행사를 포함하는 관계대명사 what

- What made me smile was the baby's chubby little feet.
  나를 미소 짓게 만든 것은 그 아기의 통통한 작은 발이었다.
- I have told them what I know about the accident.
  나는 그 사고에 대해 내가 알고 있는 것을 그들에게 말해 주었다.

❹ 관계부사는 '접속사 + 부사' 역할을 한다.

This is the room. We hold a meeting in the room.
이곳은 방이다. 우리는 이 방에서 회의한다.
→ This is the room where we hold a meeting. 이곳은 우리가 회의하는 방이다.
*관계부사 where가 두 문장을 잇는 접속사 역할과 부사 (in the room)의 역할을 동시에 한다.

a. 선행사에 따른 관계부사의 종류

선행사	관계부사	전치사 + 관계대명사
장소 place, site, factory 등	where ~하는 장소	in / on / at which
시간 time, day, year 등	when ~하는 때	in / on / at / during which
이유 the reason	why ~하는 이유	for which
방법 the way	how ~하는 방법	in which

Late autumn is the period when we get most of our orders for winter boots.
= during which
늦가을은 우리가 대부분의 겨울 부츠를 주문 받는 시기이다.

b. 관계대명사와 관계부사의 구별
관계대명사 뒤에는 불완전한 절이 오고, 관계부사 뒤에는 완전한 절이 온다.

- Credit will be given to Amy Burton who won the sales contract last month.
지난달 판매 계약을 따낸 에이미 버튼에게 공적이 돌아갈 것이다.
- The manager asked Chris Bhan the reason why he would resign despite many benefits. 부장은 크리스 반 씨에게 많은 혜택에도 불구하고 그만두려는 이유를 물었다.

02 명사절 접속사

명사절 접속사는 문장에서 주어, 목적어, 보어 역할을 한다.

- That we have only one chance is true. 우리가 오직 한 번의 기회를 가진다는 것은 사실이다.
S
= It is true that we have only one chance.

- We don't know whether there will be enough donations or not.
우리는 충분한 기부금이 있을지 여부를 모른다. O

a. 명사절 접속사 that과 what의 구별
that절 뒤에는 완전한 절이 오고, what절 뒤에는 불완전한 절이 온다.

- The manager asked that all staff recycle plastic bottles and batteries.
부장은 전 직원에게 페트병과 배터리를 재활용해야 한다고 요구했다.
- What you need is a good meal. 당신이 필요한 것은 영양 잡힌 식사이다.

b. 명사절과 관계사절의 구별
- 명사절 The challenge is that we need more staff for major projects.
어려운 점은 주요 프로젝트들에 더 많은 직원이 필요하다는 것이다. (주격 보어 역할을 하는 명사절)
- 관계사절 Dandar City is the site that was chosen for the new shopping center. 단다르 시는 새로운 쇼핑센터 부지로 선정된 곳이다. (선행사 the site를 수식하는 관계사절)

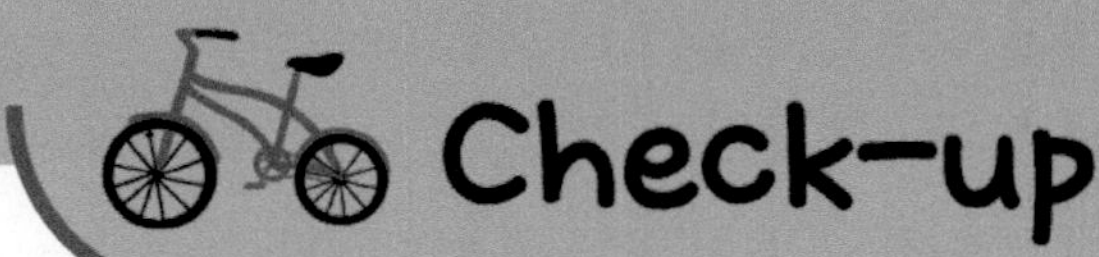

1. The Yunof brand of teas, ___________ entered the market in Norway only three years ago, is already among the top five best selling brands.

(a) when
(b) who
(c) where
(d) which

해설

선행사가 The Yunof brand of teas로 사물이며 관계사절에서 동사 entered의 주어 역할을 하고 있으므로 주격 관계대명사 which가 적절하다.

해석

겨우 3년 전에 노르웨이 시장에 진입한 유노프 상표의 차들은 이미 최고 판매량을 기록하는 5개의 상표들 중 하나가 되었다.

among the top 최고 중 하나

2. The guest speaker will answer questions ______ you might have about the tax issues related to her presentation.

(a) that
(b) whose
(c) whom
(d) who

해설

빈칸 앞에 선행사 questions가 사물이며 동사 might have의 목적어가 없는 불완전한 문장이므로 목적격 관계대명사 which나 that이 들어가야 한다. 따라서 정답은 (a)의 that이다.

해석

초청 연사가 자신의 프레젠테이션과 관련된 세금 문제에 대한 질문들에 대답해 줄 것이다.

issue 문제, (잡지의) 호
related to ~에 연관된

3. We are an international organization _________ mission is to protect and educate children.

(a) which
(b) whose
(c) that
(d) who

해설

빈칸 앞에 온 명사 an international organization이 선행사이고 빈칸으로 쓰이는 관계대명사 자리 뒤에 명사 mission이 왔다. 관계사절이 완벽하므로 소유격 관계대명사 whose가 가장 적절하다.

해석

우리는 어린이들을 보호하고 교육하는 것이 임무인 국제단체입니다.

1. (d) **2.** (a) **3.** (b)

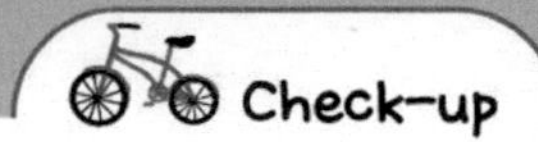

4. The jacket you ordered is currently unavailable in the color you ___________, but we will send the rest of your order promptly.

(a) requests
(b) requested
(c) are requested
(d) requesting

해설

you _______는 관계대명사절로 선행사인 the color를 수식하고 있으며 you 앞에 목적격 관계대명사 which가 생략되어 있다. 빈칸은 관계사절의 동사 자리로 문맥상 '요청하신 색상'이라는 의미가 되어야 하므로 과거동사인 requested가 정답이다.

해석

귀하가 주문하신 재킷은 현재 요청하신 색상으로는 이용할 수 없지만 나머지 주문품들은 신속히 보내드리겠습니다.

5. Dr. Johnson is offering a three-hour workshop during ________ she will share some perspectives on effective time management.

(a) whose
(b) while
(c) what
(d) which

해설

a three-hour workshop이 선행사이고 전치사 during의 목적어 자리이므로 목적격 관계대명사가 필요하다.

해석

Johnson 박사는 세 시간짜리 워크숍을 제공하고 있는데 그 워크숍 동안에 그녀는 효율적인 시간 관리에 대한 몇 가지 견해들을 공유할 것이다.

perspective
견해, 관점

6. Employees are asked to work overtime during the season _________ seasonal demands are high.

(a) where
(b) nevertheless
(c) in spite of
(d) when

해설

선행사가 시간을 나타내는 the season이므로 시간을 나타내는 관계부사 when이 적절하다.

해석

직원들은 계절적인 수요가 많은 철에는 초과 근무를 하도록 요청받는다.

7. Mike is the type of person __________ whether people laugh at his jokes or not.

(a) which doesn't really care
(b) who doesn't really care
(c) what doesn't really care
(d) whom doesn't really care

해설

빈칸 앞에 사람 선행사 person이 왔다. 또한 보기에 제시된 관계대명사절이 모두 동사로 시작하므로 주격 관계대명사 who가 적절하다. whether은 관계사절 동사 care의 목적어에 해당한다.

해석

Mike는 사람들이 자신의 농담에 웃거나 말거나 많이 신경 쓰지 않는 유형의 사람이다.

8. The doctor, ______________ worldwide, is an acclaimed medical writer as well as an outstanding physician.

(a) whom has published his lab manuals
(b) which has published his lab manuals
(c) who has published his lab manuals
(d) that has published his lab manuals

해설

빈칸은 주어인 명사 The doctor를 수식하는 관계사절이 들어가야 하는데 보기의 관계사절이 모두 동사로 시작한다. 사람을 선행사로 하면서 주격 관계대명사 who가 가장 적절하다. that은 관계대명사로 쓰이면 콤마(,)뒤에 쓰일 수 없기 때문에 오답이다.

해석

전 세계에 자신의 실험실 설명서를 발간한 그 박사는 찬사를 받는 의학 분야의 저자이자 뛰어난 의사이다.

정답 **4.** (b) **5.** (d) **6.** (d) **7.** (b) **8.** (c)

EXERCISE

이현아 취향저격 G-TELP **50점**

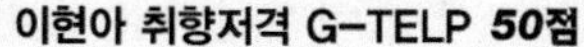

1 The residents of Brookville liked the speech of a candidate for city mayor. The policies he proposed to implement were all very promising. However, the qualities ____________ were his good looks and charm.

(a) what impressed them most
(b) that impressed them most
(c) which impresses them most
(d) these impresses them most

2 A. Milne had written serious novels, essays, and plays at the start of his writing career. However, the works ________________ were the children's books Winnie-the-Pooh and The House at Pooh Corner.

(a) which he makes really famous
(b) that made him really famous
(c) what made him really famous
(d) how it made him really famous

3 Greenwood's Grocery had been extremely profitable until three new grocery stores began competing for its market two years ago. The new pricing scheme it adopted, ____________________, aimed at winning back former customers.

(a) how reduced its prices significantly
(b) when it significantly reduced prices
(c) which reduced its prices significantly
(d) that reduced its significant prices

4 My friend Bart uses unusual methods in taking pictures of high-profile subjects. When he photographed Georgina Brown, __________________, he made her sit on a large dictionary.

(a) who is a popular writer
(b) to whom writing is popular
(c) whose is a popular writer
(d) that is a popular writer

5 Brian was amazed to learn that his son could follow the tunes of a song just by listening to it being played on the piano. His son, ____________, seems to have a natural talent for music.

(a) who is only three years old
(b) when he is three years old
(c) whom he is only three years old
(d) what is only three years old

6 Technology can be both a blessing and a curse. The modern inventions __________ are also the ones polluting our environment. An example of these is the gasoline-powered vehicle.

(a) what they provide us with convenience
(b) when convenience is providing
(c) that are providing us with convenience
(d) who are providing us with convenience

UNIT 07 정답과 해설 *EXERCISE*

01 ▶정답 (b)

| 정답 해설 |

the qualities를 꾸며주며 내용을 이어줄 수 있는 관계대명사는 that과 which이다. 선행사가 qualities이므로 (c)는 답이 될 수 없다.

| 해석 |

브룩빌 사람들은 한 시장 후보자의 연설이 마음에 들었다. 그가 도입하자고 제안한 정책들은 모두 매우 희망적이었다. 그러나 그들에게 가장 인상 깊었던 그의 자질은 외모와 매력이었다.

resident 거주인
candidate 후보자
mayor (지자체에서 선출된) 시장

02 ▶정답 (b)

| 정답 해설 |

문맥상 밀네의 작품 works이 어떤 것인지를 설명하면서 내용을 이어줄 수 있는 관계대명사는 that뿐이다.

| 해석 |

밀네는 작가로서 초창기에 일련의 소설과 에세이, 희곡을 써 왔다. 그러나 그를 진정 유명하게 만든 작품들은 어린이 책인 위니 더푸와 푸 코너의 집이었다.

03 ▶정답 (c)

| 정답 해설 |

빈칸 앞 명사 pricing scheme을 수식하는 형용사절이 들어가야 한다. it adopted는 목적격 관계대명사가 생략되어 있다. 컴마가 있으므로 that은 오답이 된다. how는 명사를 수식하지 못한다. when은 선행사가 시간명사 되어야 한다. which는 주격 관계대명사로 적절히 쓰였다.

| 해석 |

Greenwood's Grocery는 2년 전에 새로운 식료품점 세 곳이 시장에서 경쟁을 시작할 때까지는 매우 수익성이 있었다. 새로운 가격책정 정책을 도입해 기존 고객을 되찾아 오기 위해 가격을 매우 낮추었다.

extremely 극도로, 매우
profitable 수익성이 있는
scheme 계획, 제도

04 ▶정답 (a)

| 정답 해설 |

선행사가 사람이며 who가 주격 관계대명사로 잘 쓰였다. that은 컴마가 있어서 오답이며 whose는 완벽한 문장이 와야 한다. 해석상 to whom은 'Gerogina Brown에게 글이 인기 있다'는 내용이 되므로 어색하다.

| 해석 |

내 친구인 Bart는 세간의 주목을 받는 대상을 찍을 때 특별한 방법을 사용한다. 인기 작가인 Georgina Brown의 사진을 찍을 때, 그는 그녀를 커다란 사전 위에 앉게 했다.

unusual 특별한

05 ▶정답 (a)

| 정답 해설 |

주어에 해당하는 His son을 수식하는 관계사절이 들어가야 한다. 동사를 바로 데리고 오는 주격 관계대명사 who가 가장 적절하다. when은 선행사에 이유에 해당하는 reason이 와야 하고 whom은 목적격 관계대명사인데, 관계사절이 목적어가 필요 없는 2형식 문장이라 문법적으로 올바르지 않다. what은 선행사를 포함하기 때문에 관계대명사로 쓰일 때 명사 뒤에 쓰일 수 없다.

| 해석 |

Brian은 그의 아들이 피아노 연주를 듣는 것만으로 노래 선율을 따라갈 수 있다는 사실을 알고 놀랐다. 3살 밖에 안 된 그의 아들은 음악과 관련해 타고난 재능을 가진 것처럼 보인다.

06 ▶정답 (c)

| 정답 해설 |

빈칸에는 선행사에 해당하는 명사 inventions를 수식하는 관계사절이 들어가야 한다. that은 선행사가 사람이건 사물이건 수식할 수 있으며 주격으로 쓰이므로 (c)가 가장 적절하다. what은 관계대명사로 쓰이면 명사 뒤에 쓸 수 없으며 when은 관계부사이므로 완벽한 문장이 와야 한다. who는 선행사가 사람인 경우에만 수식할 수 있다.

| 해석 |

기술은 축복과 폐해 두 가지 모두일 수 있다. 우리에게 편리함을 제공해주는 현대의 발명품들은 또한 환경을 오염시키는 것들이다. 이에 대한 한 가지 예시가 휘발유로 달리는 차량이다.

한 권에 끝내는 지텔프 50점

UNIT 08

독해

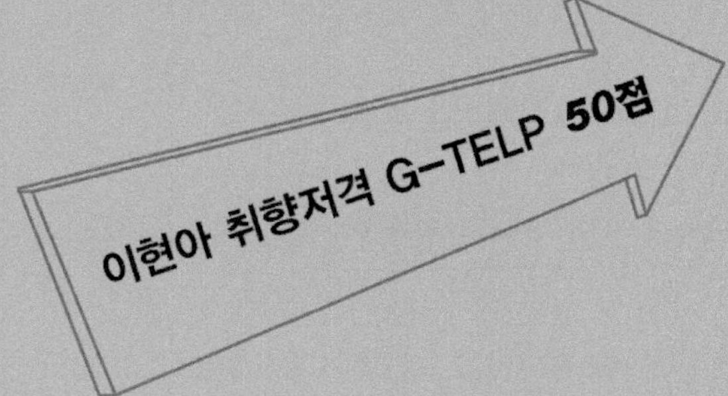

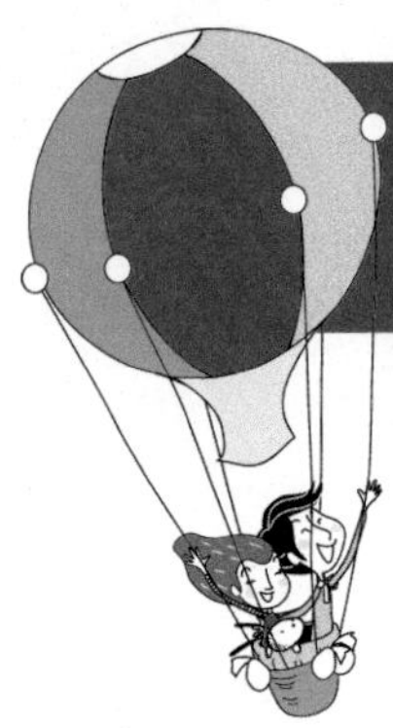

G-TELP 50점을 위한 '취향저격' 독해 질문유형 파헤치기

❶ 주제 찾기 유형

- What does the article mainly discuss?
  이 기사가 다루는 것은 주로 무엇인가?
- What is the purpose of this letter?
  이 편지의 목적은 무엇인가?
- Why was this letter written?
  이 편지는 왜 쓰였는가?
- What is the main topic of the article?
  이 기사의 핵심 주제는 무엇인가?
- What is main idea of this report?
  이 보고서의 주제는 무엇인가?

❷ 사실관계 확인 유형

- What is indicated about the fossil?
  화석에 대해 알 수 있는 것은?
- What problem was mentioned?
  어떤 문제가 언급되었는가?
- What is NOT true about vending machines?
  자동판매기기에 대해 사실이 아닌 것은?
- What is Not mentioned in the letter?
  이 편지에서 언급되지 않은 것은?
- Which item would not be included in the basic cost?
  어떤 항목이 기본비용에 포함되어 있지 않는가?

❸ 세부적인 내용을 묻는 질문 유형

- Why did William want to become a sailor?
  왜 William은 뱃사람이 되고 싶어 했는가?
- Which was not a feature of the library?
  그 도서관의 특징이 아닌 것은 무엇인가?
- What is a possible drawback of Monica staying in Chicago?
  Monica가 Chicago에 머무는 것에 관한 가능한 문제점은 무엇인가?
- How can Miranda help Brian with his situation?
  Brian이 처한 상황을 Miranda가 도울 수 있는 방법은 무엇인가?
- Why did the UAE officials order the creation of the carpet?
  UAE 관리인들이 카펫을 만들어달라고 주문한 이유는 무엇인가?

❹ 추론과 암시 질문 유형

- What can be inferred from this article?
  이 기사에서 추론할 수 있는 것은?
- What is implied in the letter?
  편지에서 암시되는 것은?
- Who most likely is Mr. Garbutt?
  Garbutt씨는 누구일 것 같은가?
- Who are most likely to be interested in SoleCina?
  SoleCina에 가장 관심 있어 할 것 같은 사람은 누구인가?
- What can be said about Frank?
  Frank에 대해서 언급할 수 있는 것은?

Biographical Narrative

한 사람의 일생 및 업적을 묘사하는 글이 나온다. 제목에 위인의 이름이 나오는 것이 특징이며, 이름만으로는 지식을 묻는 문제를 출제하지 않는다. 글 읽은 사람의 이해를 돕기 위해 주로 첫 번째 문단에서 위인의 가장 큰 업적이나 직업, 또는 그 사람을 가장 잘 표현할 수 있는 소개를 간략히 해준다.

첫 번째 문단 이후에는 보통 출생이나 성장배경이 등장하는데, 성장배경에서 특이한 점이나 향후 직업을 선택하는 데 결정적인 사건이 있다면 문제로 출제되는 경우가 많다. 업적 소개에 대한 내용이 주를 이루는데, 디테일을 묻는 형태로 출제되기 때문에 문제에서 묻고자 하는 바를 정확하게 읽고서 꼼꼼한 독해를 해야 한다. 예를 들어서 코미디언으로 유명하게 된 작품은 A이지만 작가로서 유명세를 타게 된 작품은 B인데 보기에는 A와 B작품이 다 언급되는 경우가 많다. 숫자가 명시되는 투자금액이나 수상 횟수는 문제로 잘 출제되지 않지만, 그 숫자가 상징하는 바가 있다면 눈여겨 읽어야 한다. 예를 들어서 그의 예술 작품이 경매에서 최고가로 팔렸다거나, 올림픽에서 최다 메달을 획득한 경우이다.

자격이나 업적에 대한 소개가 나올 때 전치사 as(~로서)와 for (~로)가 많이 나오므로 표현을 익혀두자.

Jeffrey Preston Bezos

Jeffrey Preston Bezos is an American business magnate, media proprietor, and investor. Bezos is the founder and executive chairman of Amazon, having previously served as chairman, president and CEO of the company.

Born in Albuquerque and raised in Houston and later Miami, Bezos graduated from Princeton University in 1986. He holds a degree in electrical engineering and computer science. He worked on Wall Street in a variety of related fields from 1986 to early 1994. Bezos founded Amazon in late 1994, on a cross-country road trip from New York City to Seattle. The company began as an online bookstore and has since expanded to a wide variety of other e-commerce products and services, including video and audio streaming, cloud computing, and artificial intelligence. It is currently the world's largest online sales company, the largest Internet company by revenue, and the world's largest provider of virtual assistants and cloud infrastructure services through its Amazon Web Services branch.

Bezos initially named his new company Cadabra but later changed the name to Amazon after the Amazon River in South America, in part because the name begins with the letter A, which is at the beginning of the alphabet. At the time, website listings were alphabetized, so a name starting with "A" would appear sooner when customers conducted online searches. In addition, he regarded "Amazon," the name of the world's largest river as fitting for what he hoped would become the world's largest online bookstore. He accepted an estimated $300,000 from his parents and invested in Amazon. He warned many early investors that there was a 70% chance that Amazon would fail or go bankrupt. Although Amazon was originally an online bookstore, Bezos had always planned to expand to other products. Three years after Bezos founded Amazon, he took it public with an initial public offering (IPO).

In 1998, Bezos diversified into the online sale of music and video, and by the end of the year he had expanded the company's products to include a variety of other consumer goods. Bezos used the $54 million raised during the company's 1997 equity offering to finance aggressive acquisition of smaller competitors. On January 29, 2018, he was featured in Amazon's Super Bowl commercial. On February 1, 2018, Amazon reported its highest ever profit with quarterly earnings of $2 billion. On July 27, 2017, Bezos momentarily became the world's wealthiest person over Microsoft co-founder Bill Gates when his estimated net worth increased to just over $90 billion. His wealth surpassed $100 billion for the first time on November 24, 2017, and he was formally designated the wealthiest person in the world by Forbes on March 6, 2018, with a net worth of $112 billion.

문제 유형 들여다보기

Q. Why did Bezos change the name of his company to Amazon?

(a) Amazon is the largest river in the world.
(b) He was worried about his company going bankrupt.
(c) He earned a substantial amount of investment.
(d) He wanted to make his company visible.

Jeffrey Preston Bezos

Jeffrey Preston Bezos는 미국의 거물이자 미디어 소유주이며 투자자이다. 베조스는 아마존의 회장, 사장, CEO를 지낸 창업자이자 회장이다.

앨버커키에서 태어나 휴스턴과 마이애미에서 자란 베조스는 1986년 프린스턴 대학을 졸업했다. 그는 전기 공학과 컴퓨터 공학 학위를 가지고 있다. 그는 1986년부터 1994년 초까지 월스트리트의 다양한 관련 분야에서 일했다. 베조스는 1994년 말 뉴욕에서 시애틀까지 전국을 횡단하며 아마존을 설립했다. 이 회사는 온라인 서점으로 시작하여 비디오 및 오디오 스트리밍, 클라우드 컴퓨팅, 인공지능을 포함한 다양한 전자 상거래 제품과 서비스로 확장되었다. 이 회사는 현재 세계 최대의 온라인 판매 회사이자 매출 최대 인터넷 회사이며 Amazon Web Services 지사를 통해 세계 최대의 가상 도우미 및 클라우드 인프라 서비스를 제공하고 있다.

베조스는 처음에는 자신의 새 회사를 카다브라라고 이름 지었지만 나중에는 남미 아마존 강의 이름을 따서 아마존으로 바꿨다. 당시에는 웹사이트 목록이 알파벳순으로 되어 있어서 고객들이 온라인 검색을 할 때 "A"로 시작하는 이름이 더 빨리 나타났다. 또한, 그는 세계 최대의 강 이름인 "아마존"이 그가 세계 최대의 온라인 서점이 되기를 바라는 것에 적합하다고 여겼다. 그는 부모님으로부터 약 30만 달러를 받고 아마존에 투자했다. 그는 많은 초기 투자자들에게 아마존이 실패하거나 파산할 가능성이 70%라고 경고했다. 아마존은 원래 온라인 서점이었지만 베조스는 항상 다른 제품으로 확대할 계획이었다. 베조스는 아마존을 창업한 지 3년 만에 기업공개(IPO)로 상장했다.

1998년, 베조스는 음악과 비디오의 온라인 판매로 다각화했고, 연말에는 다양한 소비재를 포함하도록 회사의 제품을 확장했다. 베조스는 1997년 자사 주식 공모 과정에서 조성된 5,400만 달러를 소규모 경쟁업체들의 공격적인 인수 자금에 사용했다. 2018년 1월 29일, 그는 아마존의 슈퍼볼 광고에 출연했다. 2018년 2월 1일, 아마존은 20억 달러의 분기 수익으로 사상 최대 이익을 기록했다고 발표했다. 2017년 7월 27일, 베조스는 자신의 순자산이 900억 달러를 조금 넘는 순간 마이크로소프트 공동 창업자 빌 게이츠를 제치고 세계 최고 부자가 되었다. 그의 재산은 2017년 11월 24일 처음으로 1,000억 달러를 넘었고, 2018년 3월 6일 포브스에 의해 1,120억 달러의 순 재산으로 세계에서 가장 부유한 사람으로 공식 지명되었습니다.

Q. 베조스는 왜 자신의 회사 이름을 아마존으로 바꿨는가?

(a) 아마존은 세계에서 가장 큰 강이다.
(b) 그는 자신의 회사가 파산하는 것을 걱정했다.
(c) 그는 상당한 금액을 투자 받았다.
(d) 그는 자신의 회사를 눈에 띄게 만들고 싶어 했다.

▶**정답 (d)**

[해설] 알파벳 순으로 웹사이트 목록이 나타므로 'A'로 시작하는 단어가 상단에 보인다. 고객들이 검색을 할 때 쉽게 찾을 수 있도록 하기 위해서 회사명을 Cadabra에서 Amazon으로 변경했다.

memo

Biographical Narrative

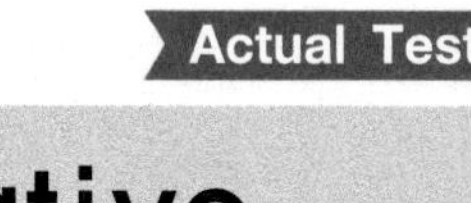

Benjamin Franklin

Benjamin Franklin is one of the most famous individuals in American history. As a writer, an inventor, and a founder of the United States of America, he greatly influenced the world he lived in.

Franklin was born in 1706 in Boston, Massachusetts. He was one of 17 children, which meant that his life was not very easy. Most of the time, he had to take care of himself. However, this taught Franklin the importance of being independent and clever. At 12, Franklin went to work for his brother James, who owned a newspaper. Franklin wrote under a fake name so people wouldn't know how young he was. His pen name was Silence Dogood. Readers loved Silence Dogood and never <u>suspected</u> that "she" was a teenager named Benjamin Franklin.

When he was older, Franklin left his brother's newspaper and started his own printing business. His paper, The Pennsylvania Gazette, became a leading newspaper at the time. In 1732, Franklin began publishing Poor Richard's Almanack, which he printed yearly for more than two decades. Like other almanacs, Poor Richard's Almanack was filled with general information, like planting dates, weather predictions, and advice.

But there was much more to Benjamin Franklin than his writing. He spent a lot of time working on inventions to help society. The Franklin stove, which warmed people's houses, is one such example. In the 1750s, he became famous worldwide for his experiments with electricity and the invention of the lightning rod. Franklin used his popularity to work for <u>causes</u> he believed in, like American independence. In 1778, he persuaded the French to support the Americans during their war for freedom from Britain.

Franklin's writings, inventions, and leadership will never be forgotten. Although he died centuries ago, the bright flame of his legacy still warms the world.

1. Which is not true about Benjamin Franklin's life?

(a) He was one of the America's most famous leaders.
(b) His childhood was difficult as he was one of 17 children.
(c) He became a newspaper publisher at the age of 12.
(d) He influenced both inside and outside of the United States of America.

2. What can most likely be said about Silence Dogood's work?

(a) Readers were not that interested in the opinions.
(b) If people had known it was Franklin's, they would have liked it more.
(c) The work was filled with general information.
(d) It was believed to be the writing of an adult.

3. Which is not true about Poor Richard's Almanack?

(a) It was published under the name of James Franklin.
(b) It contained information about weather and planting dates.
(c) Franklin published it for more than 20 years.
(d) It was updated every year.

4. Why most likely did Benjamin Franklin become famous worldwide?

(a) because of his predictions for weather in advance
(b) because of his work with electricity and the lightning rod
(c) because of his own publishing business
(d) because of his improvement of the stove

5. What did Benjamin Franklin persuade the French to do?

(a) to support America for independence
(b) to join the war against Britain
(c) to publish the early history of America
(d) to request cooperation with Britain

6. In the context of the passage, suspect means ________________.

(a) accomplish
(b) suppose
(c) ventilate
(d) transfer

7. In the context of the passage, cause means ______________.

(a) ideal
(b) diversity
(c) esteem
(d) assignment

정답 및 해설

벤자민 프랭클린

벤자민 프랭클린은 미국 역사에서 가장 유명한 인물들 중 한 명이다. 작가, 발명가, 미합중국의 건국자 중 한 명으로서, 그는 자신이 살았던 세계에 크게 영향을 주었다.

프랭클린은 1706년 매사추세츠 주, 보스턴에서 태어났다. 그는 17명의 자녀들 중 한 명이었는데, 그것은 그의 인생이 그다지 쉽지 않았음을 의미한다. 대부분의 시간에, 그는 스스로를 돌봐야만 했다. 하지만 이것은 프랭클린에게 독립적이고 영리해지는 것의 중요성을 가르쳐 주었다. 12살에 프랭클린은 형 제임스를 위해 일하러 갔는데, 제임스는 신문사를 소유하고 있었다. 프랭클린은 사람들이 그가 얼마나 어린지 알지 못하도록 가명으로 글을 썼다. 그의 필명은 Silence Dogood였다. 독자들은 Silence Dogood을 사랑했고 '그녀'가 벤자민 프랭클린이라는 이름의 10대라고 전혀 의심하지 않았다.

더 나이가 들었을 때, 프랭클린은 형의 신문사를 떠나서 자신의 인쇄 사업을 시작했다. 그의 신문 〈펜실베이니아 가제트〉는 그 당시에 선두적인 신문이 되었다. 1732년에, 프랭클린은 〈가난한 리처드의 연감〉을 출판하기 시작했는데, 그것을 20년 이상 해마다 발행했다. 다른 연감과 마찬가지로, 〈가난한 리처드의 연감〉은 식물 심는 날들, 날씨 예측, 충고와 같은 일반적인 정보로 채워졌다.

하지만 벤자민 프랭클린에게는 글쓰기보다 더 많은 것이 있었다. 그는 사회를 돕기 위해 발명하는 데 많은 시간을 보냈다. 사람들의 집을 따뜻하게 했던 프랭클린 난로는 그러한 예의 하나이다. 1750년대에, 그는 전기 실험과 피뢰침 발명으로 세계적으로 유명해졌다. 프랭클린은 미국 독립과 같이 자신이 믿었던 대의명분을 위해 일하고자 위해 그의 인기를 이용했다. 1778년, 그는 미국인들이 영국으로부터 자유를 얻기 위한 전쟁을 하는 동안 프랑스인들이 미국인들을 지지하도록 설득했다.

프랭클린의 저작들, 발명품들, 리더십은 결코 잊혀지지 않을 것이다. 그는 수 세기 전에 죽었지만, 그가 남긴 유산의 밝은 불꽃은 여전히 세상을 따뜻하게 한다.

lightning rod 피뢰침　suspect 의심하다, 추측하다　cause 대의명분　almanack 연감

1. **벤자민 프랭클린의 삶에 대해 틀린 것은 무엇인가?**

(a) 그는 미국의 가장 유명한 지도자 중 한 사람이었다.
(b) 그는 17명의 자녀 중 한 명이었기 때문에 그의 어린시절은 어려웠다.
(c) 그는 12살의 나이에 신문 출판인이 되었다.
(d) 그는 미국 국내외적으로 영향을 미쳤다.

▶**정답 (c)**

[해설] 두 번째 단락 At 12, Franklin went to work for his brother James, who owned a newspaper.에서 알 수 있다.

2. **Silence Dogood의 글에 대해 가장 적절한 것은?**

(a) 독자들은 의견에 그다지 흥미가 없었다.
(b) 사람들이 그것이 프랭클린의 글이라는 것을 알았더라면, 그것을 더 좋아했을 것이다.
(c) 그것은 일반적인 정보로 채워졌다.
(d) 그것은 성인의 글쓰기로 여겨졌다.

▶**정답 (d)**

[해설] 두 번째 단락 Franklin wrote under a fake name so people wouldn't know how young he was.에서 알 수 있다. 또한 사람들이 '그녀'가 십 대임을 의심하지 않았다고 하였다.

3. **<가난한 리처드의 연감>에 대해 틀린 것은?**

(a) 제임스 프랭클린의 이름으로 출판되었다.
(b) 날씨와 식물 심는 날에 대한 정보를 포함했다.
(c) 프랭클린은 20년이 넘게 이것을 출판했다.
(d) 이것은 매년 개정되었다.

▶**정답 (a)**

[해설] 세 번째 단락 Franklin began publishing *PoorRichard's Almanack*에서 알 수 있다. 형의 신문사를 떠나 자신의 인쇄 사업을 시작했다고 하였다.

4. **왜 벤자민 프랭클린이 세계적으로 유명해 진 것 같은가?**

(a) 미리 날씨를 예측하는 것 때문에
(b) 전기와 피뢰침 실험 때문에
(c) 그의 인쇄 사업 때문에
(d) 난로 개선 때문에

▶정답 (b)

[해설] 네 번째 단락 In the 1750s, he became famous worldwide for his experiments with electricity and the invention of the lightning rod.에서 알 수 있다.

5. **벤자민 프랭클린은 프랑스에 무엇을 하라고 설득했는가?**

(a) 미국의 독립을 위해 지지하도록
(b) 영국과의 전쟁에 참가하도록
(c) 미국의 초기 역사를 출판하도록
(d) 영국과의 협조를 요청하도록

▶정답 (a)

[해설] 네 번째 단락 he persuaded the French to support the Americans during their war for freedom from Britain.에서 알 수 있다.

6. **본문 맥락에서 suspect가 의미하는 것은?**

(a) 성취하다
(b) 추측하다
(c) 환기하다
(d) 옮기다

▶정답 (b)

7. **본문 맥락에서 cause가 의미하는 것은?**

(a) 이상
(b) 다양성
(c) 존경
(d) 배정

▶정답 (a)

Loie Fuller

Born in the Chicago suburb of Fullersburg, Illinois, Marie Louise Fuller began her theatrical career as a child actress when she made her debut in Chicago at the age of four. For 25 years hence, she toured the American countryside with various stock companies, performing burlesque and vaudeville as well as taking part in the famous Buffalo Bill's Wild West Show. Although she was at one time criticized for her lack of technique because she possessed no formal training in choreography, she honed her skill through experimentation and by observing other modern dance pioneers of the era.

What brought her fame was her way of manipulating voluminous folds of silk while having beams of colored light play upon them. She began experimenting with technical effects that would light her skirt, giving it the appearance of voluminosity and ethereal splendor by enhancing the theater's lighting. She came up with the idea of placing strips of colored silk over the aperture of each lighting fixture, including spotlights and floodlights, in the path of light to create a wash of pigmented glow across the stage.

Spurred by this new technological wizardry, Fuller, who frequently sewed her own costumes, started to test the effects of reflective materials on clothing. She eventually incorporated strips of translucent silk with reflective properties into her long flowing skirts, producing an effect that made her look like an apparition or ghost. This moved critics to dub her the most innovative dancer of her day. Realizing her mechanical novelties were a breakthrough, Fuller filed and was awarded several US patents for her inventions, while continuing to work on new designs.

By 1888, her grandiose 'natural movement' performances had earned her modest success in New York and London. Gradually, Fullers innovative techniques evolved into a performance she called "The Serpentine Dance," and in February 1892, at the revue "Uncle Celestin" in New York, she presented her free dance routine to considerable acclaim. Fuller, the first modern dancer to perform in Europe, headlined numerous shows, most significantly "Fire Dance," in which she danced on glass illuminated from below.

1. Why was Loie Fuller once criticized when she started her career?

(a) because of her deficiencies in her education
(b) because of her natural style of dance and technique
(c) because of her first important theatrical role in New York City
(d) because of her inclination to accept progressive approach

2. According to the passage, the color of the stage lights could be ________________.

(a) be similar to the color of costumes which dancers wore
(b) be altered depending on the direction of the path of light
(c) be partially caused by the mirrors used to reflect them
(d) be changed into other colors by covering them with fabric

3. Which is not true about Loie Fuller's technique?

(a) She experimented with stage lighting and attire.
(b) She developed her skills by studying innovative dancers.
(c) She tried to have desired effect, which was abandoned to choreograph a new dance.
(d) She sought new methods of mixing color and clothing to achieve certain effects.

4. How did Loie Fuller become a world-renowned dancer?

(a) She was the only performer who could present natural movement in her era.
(b) She was granted several patents for her discoveries.
(c) She introduced a free dance style with her revolutionary techniques.
(d) She got affirmative reviews in spite of the lack of popularity.

5. Based on the passage, "Uncle Celestin" was ________________.

(a) performed in London and New York.
(b) the performance in which Loie Fuller won a reputation.
(c) a vaudeville which created a sensation.
(d) well remembered for its stagecraft with colored light

6. In the context of the passage, honed means __________.

(a) refined
(b) recalled
(c) deported
(d) protruded

7. In the context of the passage, considerable means __________.

(a) extant
(b) substantial
(c) reverent
(d) widespread

정답 및 해설

Loie Fuller

Illinois주, Chicago 교외의 Fullersburg라는 마을에서 태어난 Marie Louise Fuller는 네 살에 시카고에서 데뷔하였을 때 아역 배우로서 그녀의 연기자 직업을 시작하였다. 그 후 25년 동안, 그녀는 다양한 전속 극단과 함께 미국 지방을 순회하면서 유명한 Buffalo Bill의 Wild West Show에 참여했을 뿐 아니라 풍자극이나 가벼운 희극 등을 공연했다. 그녀는 한때 안무법에 있어 정식 교육을 받지 못했다는 이유로 기술이 부족하다는 비판을 듣곤 하였지만, 실험과 당대의 현대무용 선구자들을 관찰함으로써 그녀의 기술을 연마했다.

그녀에게 명성을 가져다준 것은 색깔 있는 빛을 위에서 비추면서, 풍성한 비단 주름을 마음대로 다루는 그녀의 방식이었다. 그녀는 무대 조명을 강화함으로써 볼륨 있는 외양과 우아한 광채를 자아내게 하면서 그녀의 치마의상에 빛을 비추는 기술적 효과를 실험하기 시작했다. 그녀는 빛의 경로에 있는, 스포트라이트나 투광 조명을 포함한 각각의 조명 장치의 조리개 위에 색깔 있는 비단 천을 덮어, 무대 전체에 색이 있는 빛이 밀려오는 효과를 만드는 아이디어를 생각해 냈다.

자신의 의상을 종종 직접 만들었던 Fuller는 이러한 새롭고 신기한 기술에 고무되어, 의상에 빛을 잘 반사하는 소재를 활용하는 것의 효과를 시험해보기 시작했다. 그녀는 마침내 빛을 잘 반사하는 성질을 가진 반투명한 비단 조각들을 모아 그녀의 긴 물결 모양의 치마에 붙였고, 그녀가 귀신이나 유령처럼 보이게 하는 효과를 만들어냈다. 이는 비평가들을 감동시켜 그녀에게 당대의 가장 혁신적인 무용가라는 칭호를 주었다. 자신의 기술적 신기술이 획기적이라는 것을 깨닫고, Fuller는 계속하여 새로운 디자인을 고안하면서 자신의 발명에 대해 여러 특허를 제출하고 획득하였다.

1888년에 이르러, 그녀의 웅장한 "natural movement" 공연은 뉴욕과 런던에서 그녀의 적절한 성공을 가져다주었다. 점차적으로, Fuller의 혁신적인 기법들은 그녀가 "The Serpentine Dance"라 부른 공연으로 발전했고, 1892년 2월, 뉴욕에서 공연된 "Uncle Celestin"이라는 시사풍자극에서, 그녀는 프리댄스를 선보여 상당한 찬사를 받았다. 유럽에서 공연을 했던 최초의 현대 무용가였던 Fuller는, 다수의 쇼에서 주역으로 등장했고, 특히 그녀가 밑으로부터 조명을 받는 유리바닥 위에서 춤을 추었던 "Fire Dance"에서 가장 큰 인상을 남겼다.

burlesque 풍자극　vaudeville 가벼운 희극　choreography 안무, 무용술　voluminous 아주 큰
ethereal 우아한, 천상의　aperture 구멍, 조리개　fixture 설비, 시설　floodlight 투광조명기
translucent 반투명의　revue 시사 풍자극　hone 연마하다, 갈다　considerable 상당한

1. **Loie Fuller는 그녀가 일을 시작했을 때 왜 한때 비판받았는가?**

(a) 그녀의 교육상의 부족 때문에
(b) 그녀의 춤과 기술의 자연스러운 스타일 때문에
(c) 뉴욕에서의 그녀의 첫 번째 중요한 연극 배역 때문에
(d) 진보적 접근을 받아들이려는 그녀의 경향 때문에

▶정답 (a)

[해설] 첫 번째 단락 she was at one time criticized for her lack of technique because she possessed no formal training in choreography에서 알 수 있다.

2. **본문에 따르면, 무대 조명의 색깔은 ______________________ 수 있었다.**

(a) 무용수들이 입은 무대의상의 색깔과 비슷해질
(b) 빛의 경로의 방향에 따라 바뀔
(c) 부분적으로 그것들을 반사하는 데 사용되는 거울으로 만들어질
(d) 그것들을 천으로 덮음으로써 다른 색으로 바뀔

▶정답 (d)

[해설] 두 번째 단락 She came up with the idea of placing strips of colored silk over the aperture of each lighting fixture, including spotlights and floodlights, in the path of light to create a wash of pigmented glow across the stage.에서 알 수 있다.

3. **Loie Fuller의 기술에 대해 옳지 않은 것은?**

(a) 그녀는 무대 조명과 의상으로 실험했다.
(b) 그녀는 혁신적인 무용수들을 관찰함으로써 그녀의 기술을 발전시켰다.
(c) 그녀는 희망했던 효과를 얻기 위해 노력했는데, 이는 새로운 안무를 만들며 없어졌다.
(d) 그녀는 특정 효과를 얻기 위해 색과 의상을 섞는 새로운 방법을 추구했다.

▶정답 (c)

[해설] 세 번째 단락에서 그녀가 새로운 기술을 계속해서 발전시켰음을 알 수 있으나, 새로운 안무를 만들 때 기존의 기술을 그만두었는지는 알 수 없다.

4. Loie Fuller는 어떻게 세계적으로 유명한 무용수가 되었는가?

(a) 그녀는 당대에 natural movement를 선보일 수 있는 유일한 무용수였다.
(b) 그녀는 그녀의 발견에 대해 몇몇의 특허를 받았다.
(c) 그녀는 그녀의 혁명적인 기술과 함께 프리댄스 스타일을 소개했다.
(d) 그녀는 인기가 부족함에도 불구하고 긍정적인 평가를 받았다.

▶정답 (c)

[해설] 세 번째 단락 This moved critics to dub her the most innovative dancer of her day. 및 네 번째 단락 she presented her free dance routine to considerable acclaim.에서 알 수 있다.

5. 본문에 따르면, "Uncle Celestin"은 ______________________ 이었다.

(a) 런던과 뉴욕에서 공연되
(b) Loie Fuller가 명성을 얻은 공연
(c) 센세이션을 일으킨 가벼운 희극
(d) 색깔 조명이 있는 연출 기법으로 잘 기억되

▶정답 (b)

[해설] 네 번째 단락 at the revue "Uncle Celestin" in New York, she presented her free dance routine to considerable acclaim.에서 알 수 있다.

6. 본문 맥락에서 honed가 의미하는 것은?

(a) 개선했다
(b) 기억해 냈다
(c) 강제 추방했다
(d) 돌출되었다

▶정답 (a)

7. 본문 맥락에서 considerable이 의미하는 것은?

(a) 현존하는
(b) 상당한
(c) 숭배하는
(d) 광범위한

▶정답 (b)

Magazine, Newspaper or Web article

사회적 현상이나 정책, 이슈 등을 다루는 잡지 또는 신문 기사문의 유형이다. 'AI'와 같은 최신 기술이 현대 사회에 미치는 영향에 관한 글 등이 자주 출제되고 있다. 친숙한 소재가 나오면 난이도가 낮아질 수 있지만 익숙하지 않은 소재가 나오거나 전문용어가 많이 나온다면 수험생들이 체감하는 난이도는 높아진다. 제목이 기사의 제목인데, 주제나 핵심소재를 알려준다. 또한, 기사문은 첫 문단에서 가장 중요한 사실(=주제)를 먼저 언급하며, 관련된 문제를 꼭 출제하므로 핵심 내용이 무엇인지 파악하는 것이 중요하다.

Homeless in the United States

Homelessness in the United States refers to the issue of homelessness, a condition wherein people lack "a fixed, regular, and adequate nighttime residence". Point-in-time single night counts prepared by shelter providers differ greatly from federal government accounts. In 2014, approximately 1.5 million sheltered homeless people were counted. The federal government statistics are prepared by the United States Department of Housing and Urban Development's Annual Homeless Assessment Report; as of 2018, HUD reported there were roughly 553,000 homeless people in the United States on a given night, or 0.17% of the population.

Annual federal HUD reports contradict private state and local reports where homelessness is shown to have increased each year since 2014 across several major American cities, with 40 percent increases noted in 2017 and in 2019. In January of 2018 the federal government statistics gave comprehensive encompassing nationwide statistics, with a total number of 552,830 individuals, of which 358,363 (65%) were sheltered in provided housing, while some 194,467 (35%) were unsheltered.

Historically, homelessness emerged as a national issue in the 1870s. Early homeless people lived in emerging urban cities, such as New York City. Into the 20th century, the

Great Depression of the 1930s caused a substantial rise in unemployment and related social issues, distress and homelessness. In 1990, the U.S. Census Bureau estimated the homeless population of the country to be 228,621 (or 0.09% of the 248,709,873 enumerated in the 1990 U.S. census) which homelessness advocates criticized as an undercount. In the 21st century, the Great Recession of the late 2000s and the resulting economic stagnation and downturn have been major driving factors and contributors to rising homelessness rates.

In 2009 it was estimated that one out of 50 children or 1.5 million children in the United States of America would experience some form of homelessness each year. There were an estimated 37,878 homeless veterans in the United States during January 2017, or 8.6 percent of all homeless adults. Just over 90 percent of homeless U.S. veterans are male. Texas, California and Florida have the highest numbers of unaccompanied homeless youth under the age of 18, comprising 58% of the total homeless under 18 youth population. New York City reported it had approximately 114,000 temporarily homeless school children.

문제 유형 들여다보기

Q. What did homeless supporters criticize in the United States?

(a) Many homeless people are not provided with housing.
(b) The number of homeless people counted was small.
(c) Homeless people's rehabilitation programmes do not vary.
(d) More and more teenagers are homeless.

Homeless in the United States

미국에서 노숙은 사람들이 "고정적이고, 규칙적이며, 적절한 야간 거주"가 없는 상태인 노숙 문제를 가리킨다. 수용 시설 제공자가 준비한 지정 시점 1박 횟수는 연방 정부 계정과 크게 다르다. 2014년에는 약 150만 명의 노숙자가 대피한 것으로 집계되었다. 연방 정부 통계는 미국 주택 및 도시 개발부의 연례 노숙자 평가 보고서에 의해 작성되었다. 2018년 기준으로 HUD는 특정 밤에 약 553,000명의 노숙자가 있으며 이는 인구의 0.17%라고 보고했다.

연방 HUD의 연례 보고서는 2014년 이후 미국의 주요 도시에서 노숙자가 매년 증가했으며 2017년과 2019년에는 40% 증가했다는 민간 주 및 지역 보고서와 모순된다. 2018년 1월 연방정부 통계는 전국 통계를 포괄하는 포괄적인 통계를 제시했으며, 총 552,830명 중에서 주택을 제공 받은 사람의 수는 358,363명(65%)이고, 일부 194,467명(35%)는 주거를 제공받지 못했다.

역사적으로, 노숙은 1870년대에 국가적 문제로 대두되었다. 초기 노숙자들은 뉴욕시와 같은 신흥 도시에서 살았다. 20세기까지 1930년대의 대공황은 실업과 관련된 사회적 문제, 고통과 노숙의 상당한 증가를 야기했다. 1990년 미국 인구조사국은 노숙자 수가 22만8621명(1990년 미국 인구조사에서 조사된 24만870만9873명 중 0.09%)으로 추산했는데, 이 수치는 노숙자 지지자들은 수가 적게 집계되었다고 비판했다. 21세기에, 2000년대 후반의 대공황과 그로 인한 경기 침체와 침체는 노숙자 비율 상승의 주요 원동력이자 원인이었다.

2009년에는 미국의 50명의 아이들 중 한 명 또는 150만 명의 아이들이 매년 어떤 형태로든 노숙을 경험할 것으로 추정되었다. 2017년 1월 미국에는 전체 노숙인의 8.6%인 3만7878명이 참전용사들이었다. 미국 노숙 군인의 90퍼센트 이상이 남성이다. 텍사스, 캘리포니아 그리고 플로리다에는 18세 이하의 무반대 청소년의 수가 18세 미만 전체 노숙자의 58%로 가장 많다. 뉴욕시는 약 114,000명의 일시적으로 집이 없는 학교 아이들이 있다고 보고했다.

Q. 노숙자 지지자들은 미국에서 무엇을 비판했는가?

(a) 많은 노숙자들에게 주택이 제공되지 않는다.
(b) 집계된 노숙자 수가 적었다.
(c) 노숙자의 재활 프로그램은 다양하지 않다.
(d) 점점 더 많은 십대들이 노숙자이다.

▶정답 (b)

[해설] 미국 인구조사국에서 추산한 노숙자 수가 적다고 비판했다.

memo

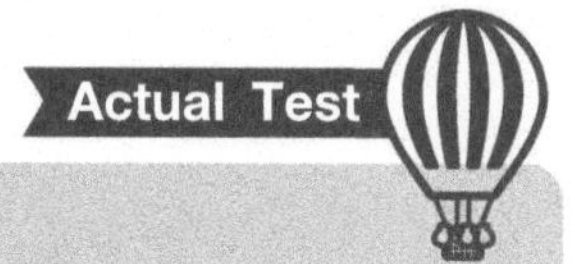

Article

Age 105? Then you've a better chance of living even longer

It's considered an inescapable fact of life: the older you get, the more likely death becomes. But new research suggests that the chances of dying may level off - at least for those who make it to 105 years old.

The study found that death rates, which rise exponentially in adulthood, begin to decelerate after 80 years old and appear to eventually plateau, or even decline slightly, after the age of 105. By that point, the chances of passing away in a given year are approximately 50-50. "It's the equivalent of tossing a coin each year," said Prof Jim Vaupel, a specialist in ageing at the Max Planck Institute for Demographic Research in Germany and one of the authors.

The latest paper, from Vaupel's team who argue there is no evidence of a longevity limit, is based on data tracking the survival trajectories of almost 4,000 Italians older than 105 between 2009 and 2015. Demographic data suggests that the chance of dying at 68 is around 2%, rising to 4% at 76 and 30% by 97. This doubling in the chance of death every eight years, known as the Gompertz law, implies an intrinsic ceiling to the human lifespan as the chance of death would hit 100% at around 111. But the data showed that instead of continuing to double, the risk of dying levelled off.

One explanation for the result is purely statistical: those who die in a certain age group in a given year tend to be the frailest. The following year, the survivors are one year older, but they are also relatively stronger and healthier. Biological factors may also play a role. Cancer, for instance, becomes less common in the oldest people alive, which some have put down to a slow-down in cell division in this age range.

1. What is the article mainly about?

(a) the sign of aging and prevention
(b) the lifestyle of the old people
(c) the tendency of the death rate for age
(d) the statistical result of average life expectancy

2. What data is the study based on?

(a) the region where the oldest once lived
(b) the living conditions of early human
(c) the record of the oldest people's family
(d) the trace of people older than 105

3. Based on the Gompertz law, what will be the chance of death at the age of 84?

(a) 6%
(b) 8%
(c) 10%
(d) 12%

4. Which of the statements is not true according to the article?

(a) The research team would take a position that the life expectancy has no limits.
(b) The chance of death continues to increase as we grow older.
(c) For older people the speed of cell division gets slower.
(d) The data from the latest study suggested the doubling of death rate might not be true.

5. What can be inferred about the study?

(a) The study is the first that investigates the death rates over the age of 105.
(b) The study was conducted in Germany.
(c) Old age is relative to the occurrence of cancer.
(d) The statistics show only the weak die as they get older.

6. In the context of the passage, level off means ____________.

(a) deceive
(b) suppress
(c) stabilize
(d) withstand

7. In the context of the passage, frail means ____________.

(a) irrelevant
(b) feeble
(c) meticulous
(d) deliberate

정답 및 해설

105살? 훨씬 더 오래 살 수 있는 기회를 갖는다

인생에 있어 피할 수 없는 사실이 있다. 당신이 나이가 들수록, 죽음의 가능성은 커진다. 하지만 새로운 연구는, 적어도 105살까지 생존한 사람들에게, 사망 위험이 더 이상 높아지지 않을 수도 있음을 시사한다.

연구는, 성인에게서 기하급수적으로 증가하는 사망률이 80세 이후에는 줄어들기 시작하여 결국 정체하는 것으로 보이며, 105세 이후에는 심지어 약간 감소한다는 것을 찾아냈다. 그 무렵이 되면, 특정 해의 사망 가능성은 대략 50대 50이 된다. "이는 마치 매년 동전을 던지는 것과 마찬가지입니다." 독일 Max Planck 인구통계연구 기관의 노화 전문가이자 연구자의 한 사람인 Jim Vaupel 교수가 말했다.

장수의 한계에 대한 증거가 없다고 주장하는 Vaupel 팀으로부터의 최신의 연구는, 2009년부터 2015년 사이 105세 이상인 이탈리아인 4000명 가까이의 생존 궤적을 추적하는 데이터에 근거하고 있다. 인구통계 데이터는 68세의 사망률은 약 2%이며, 76세에 4%로 증가하고 97세에는 30%가 됨을 보여준다. 곰퍼츠 법칙으로 알려져 있는 매 8년마다 사망률이 두 배로 증가하는 것은, 사망률이 약 111세가 되면 100%에 도달하게 됨에 따라 인간 수명의 본질적 한계를 보여준다. 하지만 (최신 연구의) 데이터는 계속해서 두배가 되는 대신, 사망의 위험이 정체되었음을 보여주었다.

결과에 대한 한 가지 설명은 전적으로 통계에 근거한다. 특정 해에 특정 나이 집단에서 사망한 사람들은 가장 쇠약한 경향이 있다. 다음 해, 생존자들은 한 살이 더 들지만, 그들은 또한 비교적 튼튼하고 건강하다. 생물학적 요인도 또한 기여할 수 있다. 예를 들어, 암은 생존해 있는 가장 나이든 사람들에게 잘 발견되지 않는데, 몇몇 이들은 이것이 이러한 높은 나이 범위에서 세포분열이 둔화하기 때문으로 본다.

exponentially 기하급수적으로　plateau 안정되다　longevity 장수　trajectory 궤적, 궤도　intrinsic 내재적인
level off 안정되다, 변동이 없게 되다　frail 노쇠한, 약한

1. 기사는 주로 무엇에 대한 것인가?

(a) 노화의 징후와 예방
(b) 노인들의 생활양식
(c) 나이에 따른 사망률의 추이
(d) 평균 기대 수명의 통계적 결과

▶정답 (c)

[해설] 첫 번째 단락 But new research suggests that the chances of dying may level off – at least for those who make it to 105 years old.을 통해 사망률에 대한 새로운 연구 결과를 설명하고 있음을 알 수 있다.

2. 연구는 어떤 데이터에 근거하는가?

(a) 최고령자가 한때 살았던 지역
(b) 초기 인류의 생활 환경
(c) 최고령자 가족의 기록
(d) 105세 이상인 사람들의 궤적

▶정답 (d)

[해설] 세 번째 단락 The latest paper is based on data tracking the survival trajectories of almost 4,000 Italians older than 105 between 2009 and 2015.에서 알 수 있다.

3. 곰퍼츠 법칙에 따르면, 84세의 사망률은 얼마인가?

(a) 6%
(b) 8%
(c) 10%
(d) 12%

▶정답 (b)

[해설] 세 번째 단락 This doubling in the chance of death every eight years, known as the Gompertz law로부터 8년마다 사망률이 두 배로 증가함을 알 수 있다. 76세에 4%이므로 84세에는 8%로 증가한다.

4. 기사에 따르면 어떤 설명이 잘못되었는가?

(a) 연구팀은 기대수명에 한계가 없다는 입장을 취할 것이다.
(b) 사망률은 우리가 나이들어감에 따라 계속하여 증가한다.
(c) 나이든 사람에게서 세포 분열은 느려진다.
(d) 최근의 연구 데이터는 사망률이 두배로 증가하는 것이 옳지 않을 수 있음을 시사한다.

▶정답 (b)

[해설] 세 번째 단락 But the data showed that instead of continuing to double, the risk of dying levelled off.에서 알 수 있다.

5. 연구에 대해 추론 가능한 것은 무엇인가?

(a) 연구는 105세 이상의 사망률을 조사한 첫 번째이다.
(b) 연구는 독일에서 수행되었다.
(c) 높은 나이는 암의 발생과 상관성이 있다.
(d) 통계자료는 나이가 들어감에 따라 약한 사람만이 사망한다는 것을 보여준다.

▶정답 (c)

[해설] 네 번째 단락 Cancer, for instance, becomes less common in the oldest people alive, which some have put down to a slow-down in cell division in this age range.에서 확인할 수 있다.

6. 본문 맥락에서 level off가 의미하는 것은?

(a) 기만하다
(b) 억압하다
(c) 안정되다
(d) 견디다

▶정답 (c)

7. 본문 맥락에서 frail이 의미하는 것은?

(a) 무관한
(b) 허약한
(c) 꼼꼼한
(d) 의도적인

▶정답 (b)

Starbucks is banning straws – but is it really a big win for the environment?

This month, Starbucks joined a growing movement to ban single-use plastic straws, announcing it would eliminate the items from its stores by 2020. In their place, the company will be introducing strawless lids, which have a sippable protrusion. It will also make alternative-material straws available. Starbucks already has strawless lids available in more than 8,000 of its North American stores. The Seattle-based coffee chain estimates that this move will eliminate more than 1bn plastic straws a year across its more than 28,000 stores around the world. It's a big win for anti-straw advocates. But is it really a big win for the environment?

Reason, a magazine and blog published by the Reason Foundation, has claimed that the new lids will be making standard use more plastic than a combination of the company's current lids and plastic straws. Some social media users have also noticed that the new Nitro lids are noticeably thicker than the current lids and have speculated about whether they will really be better for the environment. The Guardian weighed the Nitro lids and found that they are indeed heavier than the current lid/straw combination, if only by a tiny amount. Nevertheless, even a tiny bit more plastic adds up quickly, considering Starbucks's enormous scale.

Starbucks does not dispute that the new lids use more plastic. However, they stress that "the strawless lid is made from polypropylene, a commonly-accepted recyclable plastic that can be captured in recycling infrastructure, unlike straws which are too small and lightweight to be captured in modern recycling equipment." While it is true that plastic straws cannot be recycled, it should not be automatically assumed that the new plastic lids will definitely be recycled. Only 9% of the world's plastic is recycled. A large number of things that are theoretically recyclable do not get recycled for reasons such as contamination.

Where Starbucks can make a significant impact, however, is by tackling its disposable cup problem. The coffee chain is described as a "Cup Monster" by some environmental groups, and up to 6bn of its disposable cups end up in landfills every year. Starbucks recently announced it plans to fix this; the company is working with McDonald's to develop a global recyclable or compostable cup solution, and says it will "continue to work with the industry on solutions to reduce waste". This isn't the first time Starbucks has said it is working towards a better cup. A decade ago Starbucks said it would make 100% of its cups reusable or recyclable by 2015. That hasn't happened yet.

1. What does the article mainly discuss?

(a) the possible materials from which strawless lids can be made
(b) the eco-friendly coffee chain's new fare policy
(c) the introduction of new recyclable lids
(d) the prohibition of using plastic straws for the environment

2. How many Starbucks stores have eliminated single-use plastic straws?

(a) 10
(b) 600
(c) 8000
(d) 28000

3. Which is true about the new strawless lids?

(a) The new lids are heavier and thicker than the current lids.
(b) The new lids will be surely recycled in modern recycling equipment.
(c) The new lids use much more plastic than the current lid/straw combination.
(d) The new lids don't need straws because there are no openings.

4. Why is Starbucks described as a "Cup Monster"?

(a) because its cup size is large compared to other coffee chains.
(b) because of its disposable cups
(c) because of its unique cup designs
(d) because it is working on a compostable cup solution.

5. Which of the following can be inferred about Starbucks?

(a) It argues that its new lids reduce the amount of plastic consumption.
(b) It made all stores forbid their customers from using plastic straws.
(c) It introduced alternative-material cups instead of current ones.
(d) It will continue to exert itself to solve environmental issues.

6. In the context of the passage, advocates means ________________.

(a) proponents
(b) opponents
(c) adversaries
(d) bystanders

7. In the context of the passage, speculated means ________________.

(a) corroborated
(b) exploited
(c) conjectured
(d) facilitated

정답 및 해설

스타벅스는 빨대를 금지하고 있다 - 그러나 환경에 정말 큰 승리인가?

이번 달, Starbucks는 2020년까지 매장에서 제품을 제거할 것이라고 발표하면서, 일회용 플라스틱 빨대를 금지하는 움직임에 동참했다. 대신에, 회사는 한 모금씩 마실 수 있는 돌출부가 있어 빨대가 필요 없는 뚜껑을 도입할 예정이다. 또한 대체 물질 빨대도 만들 예정이다. 스타벅스는 이미 8,000개 이상의 북미 매장에서 빨대가 없는 뚜껑을 사용하고 있다. 시애틀에 본사를 둔 이 커피 체인은 이번 조치로 전세계 28,000개 이상의 매장에서 연간 10억 개 이상의 플라스틱 빨대를 제거할 수 있을 것으로 추정한다. 그것은 빨대 반대 옹호론자들에게는 큰 승리이다. 그러나 이것이 실제로 환경에 큰 승리인가?

Reason Foundation이 발행한 잡지이자 블로그 Reason에 따르면 새로운 뚜껑은 회사의 현재 뚜껑과 플라스틱 빨대의 조합보다 더 많은 플라스틱을 표준 방식으로 사용하게 할 것이라고 주장했다. 일부 소셜 미디어 사용자는 새로운 니트로 뚜껑이 현재 뚜껑보다 눈에 띄게 두껍다는 것에 주목하며, 실제로 환경에 더 이익이 될 지 여부를 추측했다. Guardian은 니트로 뚜껑의 무게를 잰 다음, 비록 아주 적은 정도이지만, 그것이 실제로 현재의 뚜껑, 빨대 조합보다 무겁다는 것을 발견했다. 그럼에도 불구하고, 스타벅스의 엄청난 규모를 고려할 때, 아주 적은 플라스틱이라 할지라도 빠르게 늘어나게 된다.

스타벅스는 새로운 뚜껑이 더 많은 플라스틱을 사용한다는 것에 대해 반박하지 않는다. 그러나 그들은 '빨대없는 뚜껑은, 현대의 재활용 장비에서 수거하기에는 너무 작고 가벼운 빨대와는 달리, 재활용 기초 설비에서 수거할 수 있는 일반적으로 허용되는 재활용 가능한 플라스틱인, 폴리프로필렌으로 만들어졌다'고 강조한다. 플라스틱 빨대는 재활용될 수 없는 것이 맞지만, 자동으로 새 플라스틱 뚜껑이 반드시 재활용된다고 가정해서는 안 된다. 세계 플라스틱의 9%만 재활용된다. 이론적으로 재활용 가능한 많은 것들은 오염과 같은 이유로 재활용되지 않는다.

그러나 스타벅스가 상당한 영향을 미칠 수 있는 지점은 일회용 컵 문제를 해결함으로써이다. 그 커피 체인은 일부 환경 단체에 의해 '컵 몬스터'로 묘사되며, 매년 최대 60억 개의 일회용 컵이 매립된다. 스타벅스는 최근 이 문제를 해결할 계획이라고 발표했다. 회사는 맥도날드와 함께 글로벌 재활용 또는 퇴비 컵 솔루션을 개발하기 위해 노력하고 있으며, '폐기물을 줄이기 위한 솔루션에 대해 업계와의 지속적인 협력을 계속할 것'이라고 말한다. 스타벅스가 더 나은 컵을 향해 일한다고 말한 것은 이번이 처음은 아니다. 10년 전 스타벅스는 2015년까지 컵의 100%를 재사용 또는 재활용할 것이라고 발표했다. 아직 그 일은 일어나지 않았다.

advocate 지지자, 옹호자　speculate 추측하다　bn(billian의 약어) 10억　estimate ~을 어림하다, 평가하다

1. 기사는 주로 무엇에 대해 논의하는가?

(a) 빨대 없는 뚜껑이 만들어질 수 있는 가능한 재료들
(b) 환경친화적인 커피 체인의 새로운 요금 정책
(c) 새로운 재활용가능한 뚜껑의 도입
(d) 환경을 위한 플라스틱 빨대 사용 금지

▶정답 (d)

[해설] 첫 번째 단락 This month, Starbucks joined a growing movement to ban single–use plastic straws, announcing it would eliminate the items from its stores by 2020.을 통해 일회용 빨대 사용 금지에 대해 말하고 있음을 알 수 있다.

2. 몇 개의 스타벅스 매장이 일회용 플라스틱 빨대를 없앴는가?

(a) 10
(b) 600
(c) 8000
(d) 28000

▶정답 (c)

[해설] 첫 번째 단락 Starbucks already has strawless lids available in more than 8,000 of its North American stores.에서 알 수 있다.

3. 빨대 없는 새로운 뚜껑에 대해 옳은 것은?

(a) 새로운 뚜껑은 현재의 뚜껑보다 무겁고 두껍다.
(b) 새로운 뚜껑은 현대의 재활용 장비에서 반드시 재활용될 것이다.
(c) 새로운 뚜껑은 현재의 뚜껑/빨대 조합보다 훨씬 많은 플라스틱을 사용한다.
(d) 새로운 뚜껑은 구멍이 없기 때문에 빨대를 필요로 하지 않는다.

▶정답 (a)

[해설] 두 번째 단락 Some social media users have also noticed that the new Nitro lids are noticeably thicker than the current lids 및 The Guardian weighed the Nitro lids and found that they are indeed heavier than the current lid/straw combination, if only by a tiny amount.로부터 알 수 있다.

4. 왜 스타벅스가 '컵 몬스터'로 묘사되는가?

(a) 다른 커피 체인에 비교하여 컵 사이즈가 크기 때문에
(b) 일회용 컵 때문에
(c) 독특한 컵 디자인 때문에
(d) 퇴비 컵 솔루션에 대해 노력하고 있기 때문에

▶정답 (b)

[해설] 네 번째 단락 The coffee chain is described as a "Cup Monster" by some environmental groups, and up to 6bn of its disposable cups end up in landfills every year.에서 알 수 있다.

5. 스타벅스에 대해 추론될 수 있는 것은 무엇인가?

(a) 스타벅스는 새로운 뚜껑이 플라스틱 소비량을 줄일 것이라고 주장한다.
(b) 스타벅스는 모든 매장이 고객들의 플라스틱 빨대 사용을 금지하도록 했다.
(c) 스타벅스는 현재의 컵을 대신하여 대체 물질로 만든 컵을 도입했다.
(d) 스타벅스는 환경 문제를 풀기 위해 계속하여 노력할 것이다.

▶정답 (d)

[해설] 첫 번째 단락 The Seattle–based coffee chain estimates that this move will eliminate more than 1bn plastic straws a year across its more than 28,000 stores around the world. 및 네 번째 단락 it will "continue to work with the industry on solutions to reduce waste".에서 확인할 수 있다.

6. 본문 맥락에서 advocates가 의미하는 것은?

(a) 지지자
(b) 상대
(c) 적수, 상대방
(d) 방관자

▶정답 (a)

7. 본문 맥락에서 speculated가 의미하는 것은?

(a) 제공하다
(b) 이용하다
(c) 추측하다
(d) 가능하게 하다

▶정답 (c)

PART III Encyclopedia Article

백과사전에서 다루는 과학, 역사, 지리 등으로 전문적이고 세부적인 내용이 많이 나오는 만큼 수험생들의 체감 난도가 가장 높은 파트이다. 특정한 주제에 대한 구체적인 사실묘사나 정보전달을 하는 내용으로 동식물의 서식지, 유사한 종류를 많이 묻는다. 과학기술 발전이나 환경오염과 관련된 화학물질에 대한 소개가 출제되기도 했다. 전문적인 용어가 많이 나오고 하이픈이나 세미콜론, 관계사 수식으로 인해 문장이 길어지는 경우가 많으므로 정확한 독해 능력을 요구한다.

Marsupial

Marsupials are any members of the mammalian infraclass Marsupialia. All extant marsupials are endemic to Australasia and the Americas. A distinctive characteristic common to most of these species is that the young are carried in a pouch. Well-known marsupials include kangaroos, wallabies, koalas, opossums, wombats, Tasmanian devils, and the extinct thylacine. Some lesser-known marsupials are the dunnarts, potoroos, and the cuscus.

Marsupials represent the clade originating from the last common ancestor of extant metatherians. Like other mammals in the Metatheria, they give birth to relatively undeveloped young that often reside in a pouch located on their mothers' abdomen for a certain amount of time. Close to 70% of the 334 extant species occur on the Australian continent (the mainland, Tasmania, New Guinea and nearby islands). The remaining 30% are found in the Americas—primarily in South America, thirteen in Central America, and one in North America, north of Mexico.

The word marsupial comes from marsupium, the technical term for the abdominal pouch. It, in turn, is borrowed from Latin and ultimately from the ancient Greek μάρσιπ πος mársippos, meaning "pouch".

In addition to the front pouch, which contains multiple teats for the sustenance of their young, marsupials have other common structural features. Ossified patellae are absent in most modern marsupials (though a small number of exceptions are reported) and epipubic bones are present. Marsupials also lack a gross communication (corpus callosum) between the right and left brain hemispheres.

문제 유형 들여다보기

Q. What is one of the most prominent features of marsupials?

(a) They raise their baby in the pouch.
(b) Many unknown animals belong to marsupials.
(c) They only live in Australia.
(d) Most of them suffer from ossified patellae.

Marsupial

유대류 동물들은 유대목인 포유류의 일종이다. 현존하는 모든 유대목 동물들은 오스트랄라시아와 아메리카의 고유종이다. 이 종들 대부분에게 흔한 독특한 특징은 새끼들을 주머니에 넣어 다닌다는 것이다. 잘 알려진 유대류 동물로는 캥거루, 왈라비, 코알라, 주머니쥐, 웜뱃, 태즈메이니아 데블, 그리고 멸종된 태즈메이니아 데블이 있다. 잘 알려져 있지 않은 유대류 동물로는 두나트, 주머니쥐, 그리고 쿠스쿠스 등이 있다.

유대류 동물들은 현존하는 메타테리아의 마지막 공통 조상에서 유래한 것을 상징한다. 메타테리아의 다른 포유류와 마찬가지로, 그들은 어미의 복부에 위치한 주머니에서 일정 기간 동안 머무르는 비교적 발달되지 않은 새끼를 낳는다. 현존하는 334종의 70% 가까이가 호주 대륙(본토, 태즈메이니아, 뉴기니 및 인근 섬)에서 서식한다. 나머지 30%는 주로 남미, 중앙 아메리카 13개, 멕시코 북부 북미 1개 등 미주 지역에서 발견된다.

유대목이라는 단어는 복부 주머니의 기술적 용어인 유대목에서 유래되었다. 결국, 그것은 라틴어에서 차용되었고 궁극적으로 "주머니"를 뜻하는 고대 그리스어 마르시포스로부터 차용되었다.

새끼의 존속을 위해 여러 개의 젖꼭지가 있는 프론트 주머니 외에도 유대류에는 다른 공통적인 구조적 특징이 있다. 골다공증은 대부분의 현대 유대류에는 없으며 (소수의 예외가 보고되었지만) 후 유골이 존재한다. 유대류는 또한 우뇌와 좌뇌 반구 사이의 전체적인 의사소통이 부족합니다.

Q. 유대류의 가장 두드러진 특징 중 하나는?

(a) 그들은 주머니에서 새끼를 키운다.
(b) 많은 알려지지 않은 동물들이 유대류 동물에 속한다.
(c) 그들은 호주에만 산다.
(라) 대부분 굳은 경골로 고통스러워한다.

▶정답 (a)

[해설] 덜 성숙한 새끼를 낳아서 주머니에서 새끼를 키우고, 주머니에 새끼를 넣어서 이동한다고 언급되어 있다.

memo

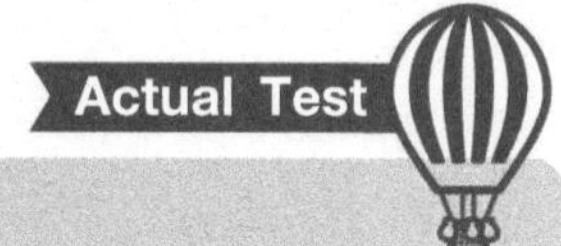

Tundra

The term tundra, evolved from the Finnish word "tundar," meaning treeless plain, describes a region of physical geography where the growth of trees is arrested by freezing temperatures. Low-lying vegetation such as lichens, mosses, herbs, and shrubs, which tend to appear brownish-green in color and exhibit slower than average species succession, characterizes the common flora found on the terrain.

The ecosystem of a tundra can be classified into two broad categories, based on its location of the plain: in the Polar Regions, the Arctic tundra features rolling or level ground encircling the north pole and extending south to the edge of the equatorial timberline; the alpine tundra begins at any latitude where the altitude is high enough to cripple normal tree growth.

At alpine tundra elevations, a significant amount of annual precipitation fosters short vegetation, as does the inclination of the mountainsides, providing good drainage for spring meltwater and heavy summer rains. This, combined with moderate temperatures ranging from -20℃ in the winter to around 20℃ in the warmer season, even allows some shrubs to grow, especially along streams or where snow accumulates in deep drifts. Some animals, like rabbits, continue to live among the snow during the winter, foraging for what they consume, or living off stored fat reserves.

Animals in the Arctic tundra, with the exception of birds, cannot escape the wintry conditions because the expansive region, covering roughly one-tenth of the total surface of the Earth, is too big for migration to easily occur. Instead, they have adapted to handle long stretches of extremely cold weather by breeding and raising young quickly in the summer months, or developing a layer of fat to both store energy and retain heat. Overall, vegetation is stifled by a short growing season, only 50 to 60 days, little precipitation, and several weeks of daytime darkness, and unlike the alpine tundra, biological diversity is quite low.

1. Which of the statements is not true about the term tundra?

(a) It derives from the Finnish word.
(b) It refers to the physical region with temperature above zero.
(c) It means the plain without trees.
(d) It has vegetation which is short in height.

2. How are the two types of tundra differentiated?

(a) By the amount of annual rainfall
(b) By the sorts of animals
(c) By the place in which they occur
(d) By the kinds of plants

3. Which of the following does not boost the growth of vegetation in alpine tundra?

(a) a great deal of yearly rain
(b) a mild climate
(c) mountain ridges providing drainage
(d) abundant light during the daytime

4. Why is the biological diversity low in the Arctic tundra?

(a) because it is in danger of being destroyed by human activity
(b) because it doesn't have enough rainfall
(c) because it covers such a large portion of the Earth surface
(d) because it prohibits all animals from leaving the area

5. What is most likely about the animals living in tundra?

(a) The animal migration routes are broad.
(b) They give birth to and nurture offspring during the summer.
(c) It is impossible for most animals to find their food.
(d) They disguise themselves with layers of fat.

6. In the context of the passage, arrested means ______________.

(a) injected
(b) alleviated
(c) restrained
(d) fabricated

7. In the context of the passage, accumulate means ____________.

(a) surmount
(b) discredit
(c) disperse
(d) gather

정답 및 해설

툰드라

툰드라라는 용어는 나무가 없는 평원이라는 뜻을 가진 'tundar'라는 핀란드 단어에서 만들어진 것으로, 영하의 온도에 의해 수목의 성장이 억제되는 물리적 지형의 지역을 나타낸다. 갈녹색을 띠고 종의 천이가 평균보다 느리게 일어나는 지의류, 이끼, 허브, 관목과 같이 키가 작은 식물들이 이 지대에서 발견되는 일반적 식물군의 특징이다.

툰드라의 생태계는 평원의 위치에 따라 크게 두 개의 종류로 분류될 수 있는데, 극지방에서는 북극권 툰드라가 북극을 둘러싸고 남쪽으로는 적도의 수목한계선까지 이어지는 완만하거나 평평한 지역에서 특징적으로 나타난다. 고산성 툰드라는 고도가 충분히 높아져서 나무의 성장이 저해되는 어떤 위도에서도 나타나기 시작할 수 있다.

고산성 툰드라가 나타나는 고도에서는, 상당한 양의 연 강수량이 초목의 성장을 촉진시키고, 산 측면의 경사 또한 봄에 눈 녹은 물과 여름 폭우의 배수가 잘 일어나게 해주어 초목의 성장을 촉진한다. 이는 겨울의 -20도에서 따뜻한 계절에는 20도까지 올라가는 온화한 기후와 더불어, 특히 냇가나 눈이 깊게 쌓이는 곳에서 관목이 자랄 수 있게도 한다. 토끼와 같은 몇몇 동물들은 겨울 동안에도 계속해서 그들이 먹을 것을 찾으면서, 또는 저장된 지방에 의지하며 눈 속에서 살아간다.

북극권 툰드라의 동물들은, 조류를 제외하면, 추운 환경을 벗어나지 못하는데 대략 지구 표면의 1/10을 차지하는 광활한 툰드라는 철에 따른 이동이 쉽게 일어나기에는 너무 크기 때문이다. 대신에, 그들은 여름 동안에 새끼를 낳고 빨리 기르거나, 에너지를 저장하고 열을 유지하기 위해 지방층을 발달시킴으로써 넓게 펼쳐진 극한의 추운 기후에 적응해 왔다. 일반적으로, 식물은 50일에서 60일에 불과한 짧은 성장 기간, 적은 강우량, 몇 주간의 낮 시간에도 지속되는 어둠에 의해 성장이 억제되고, 고산성 툰드라와는 달리 생물의 다양성이 상당히 적다.

lichen 이끼, 지의류 timberline 수목 한계선 inclination 경사 precipitation 강수량 arrested 억제되는 accumulate 모으다, 축적하다

1. 툰드라라는 용어에 대해 설명이 틀린 것은?

(a) 핀란드 단어에서 유래한다.
(b) 영상의 온도인 물리적 지역을 나타낸다.
(c) 나무가 없는 평원을 의미한다.
(d) 키가 작은 초목을 가진다.

▶정답 (b)

[해설] 첫 번째 단락 The term tundra, evolved from the Finnish word "tundar," meaning treeless plain, describes a region of physical geography where the growth of trees is arrested by freezing temperatures.에서 확인할 수 있다. 영하의 온도이므로 (b)가 틀린 설명이다.

2. 툰드라의 두 가지 종류는 어떻게 구별되는가?

(a) 연간 강우량에 의해
(b) 동물의 종류에 의해
(c) 그것들이 나타나는 위치에 의해
(d) 식물의 종류에 의해

▶정답 (c)

[해설] 두 번째 단락 The ecosystem of a tundra can be classified into two broad categories, based on its location of the plain. 에서 알 수 있다.

3. 고산성 툰드라에서 초목의 성장을 촉진하는 것이 아닌 것은 무엇인가?

(a) 많은 연간 강우량
(b) 온화한 기후
(c) 배수를 제공하는 산등성이
(d) 낮 시간 동안의 충분한 빛

▶정답 (d)

[해설] 세 번째 단락 At alpine tundra elevations, a significant amount of annual precipitation fosters short vegetation, as does the inclination of the mountainsides, providing good drainage for spring meltwater and heavy summer rains. This, combined with moderate temperatures ranging from −20℃ in the winter to around 20℃ in the warmer season, even allows some shrubs to grow에서 알 수 있다. 충분한 빛에 대한 내용은 언급되어 있지 않다.

4. 북극권 툰드라의 생물 다양성은 왜 적은가?

(a) 인간 활동에 의해 훼손될 위험에 있기 때문에
(b) 충분한 강우량이 없기 때문에
(c) 지구 표면의 많은 부분을 차지하기 때문에
(d) 모든 동물들이 그 지역을 떠나는 것을 막기 때문에

▶정답 (b)

[해설] 네 번째 단락 Overall, vegetation is stifled by a short growing season, only 50 to 60 days, little precipitation, and several weeks of daytime darkness, and unlike the alpine tundra, biological diversity is quite low.에서 알 수 있다.

5. 툰드라에 사는 동물들에 대해 가장 적절한 것은?

(a) 동물들의 이주 경로는 넓다.
(b) 그들은 여름 동안에 새끼를 낳고 양육한다.
(c) 대부분의 동물들이 먹이를 찾는 것은 불가능하다.
(d) 그들은 지방층으로 스스로를 변장한다.

▶정답 (b)

[해설] 네 번째 단락 Instead, they have adapted to handle long stretches of extremely cold weather by breeding and raising young quickly in the summer months에서 알 수 있다.

6. 본문 맥락에서 arrested가 의미하는 것은?

(a) 주입되는
(b) 완화되는
(c) 억제되는
(d) 허구의

▶정답 (c)

7. 본문 맥락에서 accumulate가 의미하는 것은?

(a) 극복하다
(b) 존경심을 떨어뜨리다
(c) 흩어지다
(d) 모으다

▶정답 (d)

The Potlatch

The potlatch was a ceremonial distribution of property by the indigenous communities of the Pacific Northwest in the United States and in the province of British Columbia in Canada. This custom, usually held in longhouses or large outdoor areas, served as markers for certain social events such as the birth of a new child, the marriage of a young couple, or a successful hunting season. It could be used to commemorate the transfer of ownership or serve as a record of payment in lieu of written records in addition to providing a public display of military alliances or familial bonds. The primary purpose of the potlatch, however, was to provide a means to re-distribute wealth among the tribe in an equitable and ethical manner, allowing the host to rid himself of the spiritual burden that he felt as the sole owner of material items in an essentially communal environment.

The potlatch consisted of three main activities, all of which are inherently tied to its comprehensive definition. The first is feasting, usually on salmon or seal meat, among numerous other foods, reflecting the tradition of sharing seasonal bounty of fish, a successful whale hunt or other surplus of food with neighboring groups. Another aspect of the potlatch is dancing, usually accompanied by singing, and performed for a variety of devotional reasons such as praying for a robust harvest, honoring deceased relatives, or the celebration of special kinship associations. The practice of gift-giving is the third and most critical factor that identifies the potlatch, although its implied generosity is not the main reason why this occurs. Not only was this an occasion to repay debts, acknowledge services rendered by neighbors, and ensure the continuance of established relationships, but also a time to purge material possessions and reassert communal values.

In an effort to assimilate these indigenous populations into Western culture, where community practices that involve purging oneself of material goods are considered contrary to the underlying work ethic, both the United States and Canadian governments banned the potlatch practice in 1884. They believed it to be an irrational destruction of property, one that had grown rampant in the coastal communities now exposed to more goods. As a result, the practitioners went underground to avoid persecution, holding ceremonies in secret, until the law was lifted in 1951. In modern times, the custom has been modified to include a myriad of cultural events such as graduations, baby showers, and anniversaries.

1. Which of the following is not a purpose of a potlatch?

(a) It celebrated major events in people's lives.
(b) It served as public markers for a change in proprietorship.
(c) It was held to honor relationships between social units.
(d) It made the wealthy distribute their valuables mandatorily.

2. Which is not mentioned as main activities of a potlatch?

(a) the practice of gift-giving
(b) praying for having a good harvest next year
(c) dancing usually accompanied by singing
(d) a banquet with numerous foods

3. Which of the following can be inferred about the society having the potlatch?

(a) It had a strict hierarchical structure.
(b) The gap between the rich and the poor was enormous.
(c) It depended upon the ocean for sustenance.
(d) Patriarchy was a very common practice.

4. Which of the following is true of the gift-giving practice?

(a) Material items were offered to guests for a variety of reasons.
(b) The gifts were reused for practical purposes in their daily lives.
(c) Whoever received the host's gift would hold the next potlatch.
(d) Each family was required to provide a gift in honor of an ancestor.

5. Why was the potlatch outlawed by America and Canada in the 19th century?

(a) to destroy the indigenous populations completely
(b) to make the indigenous communities integrate into mainstream societies
(c) because the potlatch was viewed as a wasteful and irrational destruction
(d) to encourage the indigenous people to have capitalist attitudes.

6. In the context of the passage, <u>equitable</u> means ____________.

(a) incremental
(b) erudite
(c) impartial
(d) adverse

7. In the context of the passage, <u>rendered</u> means ____________.

(a) presented
(b) manifested
(c) conceived
(d) comprised

정답 및 해설

포틀래치

포틀래치는 미국의 태평양 북서부와 캐나다의 브리티시 컬럼비아 지역의 토착민 공동체에서 행해지던 의례적인 재산의 분배이다. 이 관습은, 주로 공동 주택이나 넓은 야외에서 행해졌는데, 새로운 아이의 탄생, 젊은 부부의 결혼, 또는 성공적인 사냥 시즌 등의 특정한 사회적 사건의 표시로서 기능했다. 이것은 군사적 동맹이나 혈연적 결속을 공개적으로 보여주는 것에 더하여 상속을 기념하거나 기록 문서 대신 금액 지불을 기록하는 것에 이용될 수 있었다. 그러나, 포틀래치의 가장 주요한 목적은 부족 내에서 공평하고 도덕적인 방법으로 부를 재분배하는 수단을 제공하여, 근본적으로 공유 환경에서 주최자가 물질적 재화의 독점자로서 느끼는 정신적 부담감을 덜어주려는 것이었다.

포틀래치는 세 개의 주요 행사로 이루어져 있었는데, 모두 포틀래치의 포괄적인 의미와 본질적으로 연관되어 있다. 첫 번째는 보통 연어나 물개 고기 등, 수많은 음식을 먹는 향연으로, 이는 계절적으로 풍부한 생선, 성공적인 사냥으로부터 얻은 고래고기 또는 기타 잉여 음식을 이웃과 나누는 전통을 반영한 것이다. 포틀래치의 또 다른 요소는 춤인데, 보통 노래가 함께 수반되었고, 성공적인 추수 기원, 죽은 친족을 기리는 것, 또는 특별한 친족관계의 형성을 기념하는 것과 같은 다양한 신앙적 목적을 위해 공연된다. 선물을 주는 관습이 세 번째이자 포틀래치의 특성을 나타내는 가장 중요한 요소인데, 비록 그 관습에 암시되는 관대함이 이것을 행하는 주된 이유가 아니기는 하지만 말이다. 이는 빚을 갚고, 이웃에 의해 제공된 서비스에 대해 사례하고, 이들과의 사이에 형성된 관계의 지속을 보장하기 위한 의식일 뿐 아니라, 물질적인 소유를 씻어내고 공동의 가치를 분명히 하기 위한 시간이었다.

물질적 재화를 털어버리는 것을 포함하는 사회적 관행이 내재된 노동 윤리에 반대되는 것으로 여겨지는 서구 사회에 이러한 토착민들을 융화시키기 위한 노력으로, 미국과 캐나다 정부 모두 1884년 포틀래치 관습을 금지하였다. 그들은 이를 더 많은 재화에 노출된 해변가의 공동체에서 횡행하게 된, 비이성적인 부의 파괴 행위로 간주했다. 결과적으로, 그 관습을 행했던 사람들은 1951년 법이 폐지되기 전까지, 박해를 피하여 숨어서 비밀리에 의식을 행했다. 현대에 이르러, 그 관습은 졸업식, 베이비 샤워, 그리고 기념일과 같은 수많은 문화적 행사를 포함하도록 바뀌었다.

indigenous 토착의　longhouse 공동주택　in lieu of ~대신에　devotional 종교적인　robust 양이 많은
rampant 횡행하는　equitable 공정한　render 주다, 제공하다

1. 포틀래치의 목적이 아닌 것은 무엇인가?

(a) 사람들의 삶의 주요 사건들을 기념했다.
(b) 소유권의 변화에 있어 공적인 표시로 기능했다.
(c) 사회적 단위 간의 관계를 기념하기 위해 열렸다.
(d) 부유한 사람들이 그들의 귀중품을 의무적으로 분배하게 만들었다.

▶정답 (d)

[해설] 첫 번째 단락 The primary purpose of the potlatch, however, was to provide a means to re-distribute wealth among the tribe in an equitable and ethical manner에서 확인할 수 있다. 부유한 이의 재산을 의무적으로 분배하게 했다는 내용은 언급되어 있지 않다.

2. 포틀래치의 주요 행사로 언급되지 않은 것은 무엇인가?

(a) 선물을 주는 관습
(b) 다음 해의 풍년을 위한 기도
(c) 보통 노래가 수반되는 춤
(d) 수많은 음식을 먹는 향연

▶정답 (b)

[해설] 두 번째 단락 The first is feasting, Another aspect of the potlatch is dancing, The practice of gift-giving is the third and most critical factor에서 알 수 있다.

3. 포틀래치를 행하는 사회에 대해 추론 가능한 것은 무엇인가?

(a) 엄격한 계급 구조를 가지고 있었다.
(b) 부유한 사람과 가난한 사람의 차이가 매우 컸다.
(c) 생활 유지를 위해 바다에 의존했다.
(d) 가부장제가 흔한 관습이었다.

▶정답 (c)

[해설] 세 번째 단락 They believed it to be an irrational destruction of property, one that had grown rampant in the coastal communities now exposed to more goods.에서 알 수 있다. 또한 연어나 물개 고기 등을 먹는 연회의 관습으로부터 역시 추론 가능하다.

4. 선물을 주는 관습에 대해 맞는 것은 무엇인가?

(a) 다양한 이유로 손님들에게 물질적 선물이 제공되었다.
(b) 선물들은 일상생활에서 실용적 목적으로 재사용되었다.
(c) 주최자로부터 선물을 받은 누구든 다음 포틀래치를 열었다.
(d) 각각의 가족은 조상을 기리기 위해 선물을 제공해야 했다.

▶정답 (a)

[해설] 두 번째 단락 Not only was this an occasion to repay debts, acknowledge services rendered by neighbors, and ensure the continuance of established relationships, but also a time to purge material possessions and reassert communal values.으로부터 다양한 목적을 위해 선물을 주는 관습이 행해졌음을 알 수 있다.

5. 왜 포틀래치는 19세기에 미국과 캐나다에서 금지되었는가?

(a) 토착민들을 완전히 없애기 위해
(b) 토착민 공동체가 주류 사회에 통합하도록 만들기 위해
(c) 포틀래치가 낭비하고 비이성적인 파괴로 간주되었기 때문에
(d) 토착민들이 자본주의적 태도를 갖도록 격려하기 위해

▶정답 (b)

[해설] 세 번째 단락 In an effort to assimilate these indigenous populations into Western culture에서 알 수 있다.

6. 본문 맥락에서 equitable이 의미하는 것은?

(a) 증대하는
(b) 박식한
(c) 공정한
(d) 부정적인

▶정답 (c)

7. 본문 맥락에서 rendered가 의미하는 것은?

(a) 제공하다
(b) 나타내다
(c) 상상하다
(d) ~으로 구성되다

▶정답 (a)

PART IV Business or Formal Letter

비즈니스와 같은 상용편지나 서식들이 나온다. 글을 쓴 이와 글을 받는 이가 명확하게 제시되고 편지 상단과 하단에 나와 있는 수신인과 발신인의 직함, 회사명을 통해서 두 사람의 관계를 파악할 수 있다. 제품이나 서비스에 대한 소개, 사회적 활동이나 기조연설에 대한 요청, 기금 모금 협조를 부탁하는 글 등이 나온다. 편지를 쓴 목적이 주로 첫 문단에 나오지만 가벼운 안부를 전하거나 주제에 대한 가벼운 언급을 하는 경우도 있다.

예

January 2, 2018

Ms. Sophie
516 West 65th Street
New York NY 10235

Dear Ms. Sophie

We appreciate the feedback we received from you when you took our recent breakfast foods survey; your feedback was important to us in developing our new Tasty Breakfast Foods line of products. As a token of our appreciation, we are sending you some free samples of Tasty Breakfast Foods products. They should arrive within two weeks.

... (중간 생략) ...

Sincerely,
Pedro Alvarez
Product and Marketing Manager
Good Foods for Everyone

Sophie 씨께

최근 참여하셨던 아침 식사 설문 조사에서 귀하로부터 받은 피드백에 대해 감사드립니다. 귀하의 피드백은 우리 회사가 '맛있는 아침 식사' 신제품을 개발하는 데 아주 요긴했습니다. 감사의 표시로 '맛있는 아침 식사'의 무료 샘플 일부를 보내드립니다. 샘플들은 2주 이내에 도착할 것입니다.

예

Q. Why was the e-mail sent to Ms. Sophie?

(a) To invite her to a meeting

(b) To answer a question she asked about a product

(c) To thank her for her help

(d) To explain why a shipment was delayed

• Sophie씨에게 이메일을 보낸 이유는?

(a) 그녀를 회의에 초대하기 위해

(b) 제품에 대한 그녀의 질문에 답변하기 위해

(c) 그녀의 도움에 감사하기 위해

(d) 배송이 지연된 이유를 설명하기 위해

Business or Formal Letter

To: All supervisors
From: Julien Hirsch
Subject: Fashion Show
Dear supervisors,

Over the past nine years, the Annual Hayden Couture Fashion Show has become one of the most highly anticipated events in the industry. Now in its 10th year, we plan to make it bigger and better. The event will not only showcase our latest collection of clothes but also introduce a selection of work from some of the country's young fashion designers. As supervisors, you will be responsible for receiving entries, so please make sure you are well informed about the details of the competition.

This year, we will be accepting entries from university students for several categories in the show. Interested applicants are required to complete and submit a copy of the registration form attached with this e-mail. We have invited a panel of <u>renowned</u> fashion designers to screen the entries and serve as judges for each category. Once the final entries are chosen, applicants will be given time to execute their designs in time for the fashion show. Complete information about these categories is now available on our Web site.

Category	Screening Committee Head
Ready-to-wear	Mr. Amir Salood
Specialty Hats	Ms. Marga Silverio
Athletic Wear	Mr. Vittorio Bellucci
Haute Couture	Ms. Shalani San Pedro

All entries should be submitted to the Hayden Boutique main office before March 20. We are still finalizing the arrangements for the venue, but if everything goes well, the show will be held on May 18 at Preminger Trade Center. That will give the short-listed applicants enough time to complete their designs. All inquiries should be sent directly to Ms. Vicky Bergamo at vicki.bergamo@haydenboutique.com. She is <u>responsible</u> for the organization of the entire event.

We look forward to your cooperation. Thank you.

Sincerely yours,
Julien Hirsch
Regional director
Hayden Boutique Incorporated

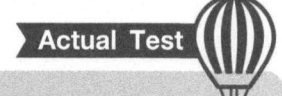

1. What is the purpose of Julien Hirsch's e-mail to supervisors?

(a) to inform the contest's guidelines
(b) to celebrate the successful opening ceremony
(c) to remind the deadline on the registration
(d) to recruit volunteers at the store events

2. Which is not true about the Annual Hayden Couture Fashion Show?

(a) It is celebrating its tenth anniversary.
(b) It is offering categories for young people.
(c) Some celebrities will participate in the show.
(d) The winner of the show will be presented a monetary award.

3. What are supervisors responsible for in the competition?

(a) choosing applicants from entries
(b) receiving entries from applicants
(c) attending a meeting with committee heads
(d) attracting college students

4. What can most likely be said about Vittorio Bellucci?

(a) He is a famous designer of haute couture.
(b) He has been invited to serve as a judge.
(c) He works for Hayden Boutique.
(d) He will screen the entries from ready-to-wear category.

5. Which is not discussed in the e-mail?

(a) the person in charge of the arrangement
(b) the date and place for the competition
(c) how to register
(d) the benefits of the winners

6. In the context of the passage, renowned means ________________.

(a) insignificant
(b) contemplative
(c) eminent
(d) endorsable

7. In the context of the passage, responsible means ________________.

(a) accountable
(b) assessable
(c) integrative
(d) simulative

정답 및 해설

수신: 모든 관리자
발신: Julien Hirsch
제목: 패션쇼

관리자분들께,

지난 9년간, 연간 Hayden Couture 패션쇼는 업계에서 가장 기대되는 행사 중 하나가 되었습니다. 이제 10주년을 맞아, 저희는 이 패션쇼를 더 크고 좋게 만들 계획입니다. 행사는 저희의 최신 컬렉션을 전시할 뿐만 아니라, 국내 몇몇 젊은 패션 디자이너들의 작품도 소개할 것입니다. 관리자로서, 여러분은 출품작을 받는 일에 책임이 있으니, 대회의 세부 사항에 대해 잘 알고 계시기 바랍니다.

올해, 우리는 쇼의 몇 가지 분야에서 대학생들의 출품작을 받을 것입니다. 관심 있는 지원자들은 메일에 첨부된 지원 양식 한 부를 작성하여 제출해야 합니다. 저희는 각 분야의 출품작들을 가려내고 심사위원으로 역할을 할 유명한 패션 디자이너 패널들을 초대했습니다. 최종 출품작이 선별되면, 지원자들은 패션쇼 시간에 맞추어 그들의 디자인을 제작할 시간이 주어집니다. 아래 분야에 대한 완전한 정보는 이제 저희의 웹사이트에서 확인하실 수 있습니다.

분야	심사위원장
기성복	Mr. Amir Salood
특수 모자	Ms. Marga Silverio
운동복	Mr. Vittorio Bellucci
오트 쿠튀르	Ms. Shalani San Pedro

모든 출품작은 3월 20일 전 Hayden Boutique 본사로 제출되어야 합니다. 저희는 아직 행사 장소 준비를 마무리하고 있지만, 모든 것이 잘 진행될 경우, 쇼는 5월 18일 Preminger 무역센터에서 열릴 것입니다. 이는 선발 후보 명단에 오른 지원자들에게 그들의 디자인을 완성할 수 있는 충분한 시간을 줄 것입니다. 모든 문의 사항은 Ms. Vicky Bergamo에게 vicki.bergamo@haydenboutique.com으로 직접 보내주시기 바랍니다. 그녀는 모든 행사 조직을 맡고 있습니다.

협조를 부탁드립니다. 감사합니다.

Julien Hirsch 드림
지사장
Hayden Boutique사

short-listed 선발 후보자 명단에 오른 renowned 유명한 responsible 책임지고 있는

1. **Julien Hirsch가 관리자들에게 보낸 메일의 목적은 무엇인가?**

(a) 대회의 지침을 안내하기 위해
(b) 성공적인 개업식을 기념하기 위해
(c) 등록 마감 기한을 상기시키기 위해
(d) 상점 이벤트의 자원봉사자를 모집하기 위해

▶정답 (a)

[해설] 첫 번째 단락 As supervisors, you will be responsible for receiving entries, so please make sure you are well informed about the details of the competition.에서 알 수 있다.

2. **연간 Hayden Couture 패션쇼에 대해 틀린 것은 무엇인가?**

(a) 10주년을 기념하고 있다.
(b) 젊은 사람들을 위한 분야를 제공한다.
(c) 몇몇 유명인사들이 쇼에 참여할 것이다.
(d) 대회의 우승자는 금전적 상을 받게 될 것이다.

▶정답 (d)

[해설] (d) 첫 번째 단락 Now in its 10th year, we plan to make it bigger and better.와 두 번째 단락 This year, we will be accepting entries from university students for several categories in the show. 및 We have invited a panel of renowned fashion designers에서 알 수 있다. 우승자가 상금을 받는지는 언급되어 있지 않다.

3. **대회에서 관리자들의 책임은 무엇인가?**

(a) 출품작으로부터 지원자들을 선별하는 것
(b) 지원자로부터 출품작을 받는 것
(c) 심사위원장과의 회의에 참여하는 것
(d) 대학생들을 모으는 것

▶정답 (b)

[해설] (b) 첫 번째 단락 As supervisors, you will be responsible for receiving entries로부터 알 수 있다.

4. **Vittorio Bellucci에 대해 말할 수 있는 것은 무엇인가?**

(a) 그는 오트 쿠튀르 유명 디자이너이다.
(b) 그는 심사위원 역할로 초대되었다.
(c) 그는 Hayden Boutique에서 일한다.
(d) 그는 기성복 분야의 출품작을 심사할 것이다.

▶정답 (b)

[해설] 두 번째 단락 We have invited a panel of renowned fashion designers to screen the entries and serve as judges for each category.에서 유명 패션 디자이너가 초대되었음을 알 수 있고 표에서 이름을 확인할 수 있다.

5. **메일에서 언급되지 않은 것은 무엇인가?**

(a) 준비 담당자
(b) 대회의 날짜와 장소
(c) 등록 방법
(d) 우승자 혜택

▶정답 (d)

[해설] 네 번째 단락 All entries should be submitted to the Hayden Boutique main office before March 20.와 the show will be held on May 18 at Preminger Trade Center 및 All inquiries should be sent directly to Ms. Vicky Bergamo로부터 확인 가능하다. 우승자 혜택에 대해서는 언급되지 않았다.

6. **본문 맥락에서 renowned가 의미하는 것은?**

(a) 사소한
(b) 사색하는
(c) 저명한
(d) 승인할 수 있는

▶정답 (c)

7. **본문 맥락에서 responsible이 의미하는 것은?**

(a) 책임이 있는
(b) 평가할 수 있는
(c) 통합하는
(d) 흉내내는

▶정답 (a)

WWW.AUSTRALIAWEATHERWATCH.COM

Dear loyal readers,

We apologize for shutting down Australia Weather Watch. We assure you that the shutdown is temporary, and we should be up and running again in the next two to three weeks. We hope that you can find your weather forecasts elsewhere for the time being.

The reason we've shut down this site is because there are several changes we would like to make. First, and most importantly, we have decided to start covering weather in Tasmania and New Zealand as well as the Australian mainland. This will necessitate a fairly extensive reprogramming of the site.

Secondly, we have decided to redesign the homepage. We have received a lot of complaints lately about the current design, many of them to the effect that the information is difficult to take in at a glance because of the way the contents are arranged on the screen. When the Web site returns to its regular operation, visitors will find that the maps and news stories are laid out in an open, expansive design, making them easier to read.

Third, we're going to be adding a "radar" feature to the homepage so that visitors can track weather movements in real time. On occasion, we may experience delays when accessing weather data outside of Australia. Should this occur, we will post periodic updates every half hour.

Once this is accomplished, we are sure our coverage will be broad enough to accommodate a wider scope of readers from across the continent and even beyond.

Best regards,
The Australia Weather Watch team

1. What is the purpose of the Web page?

(a) to apologize for recent delays in weather forecast
(b) to issue a weather warning for Australia
(c) to remind readers of the permanent shutting down of a service
(d) to inform details about an upcoming change

2. Which is not a reason the site was shut down?

(a) to add a new feature
(b) to redesign the homepage
(c) to reprogram of the site
(d) to merge with another site

3. What have Australia Weather Watch's visitors complained about?

(a) the error of an online information
(b) the amount of time it takes to load a page
(c) the regions the Web site covers
(d) the layout of the Web site

4. What might cause delays for weather movements in real time?

(a) receiving data from another country
(b) too many visitors access at once
(c) being overloaded by new multimedia features
(d) the degradation in internet environment

5. What can most likely be said about Australia Weather Watch?

(a) It will cover weather not only in Australia but also beyond it.
(b) It only deals with weather information.
(c) There will be a charge for using the Web site.
(d) It is planning to carry on an advertising campaign.

6. In the context of the passage, extensive means ____________.

(a) stringent
(b) sporadic
(c) comprehensive
(d) obsolete

7. In the context of the passage, periodic means ____________.

(a) recurrent
(b) tentative
(c) versatile
(d) resilient

정답 및 해설

WWW.AUSTRALIAWEATHERWATCH.COM

친애하는 애독자분들께

Australia Weather Watch를 폐쇄하게 되어 양해를 구합니다. 저희는 이 폐쇄가 일시적인 것임을 장담하며, 앞으로 2주에서 3주 내에 다시 작동시킬 것입니다. 저희는 여러분이 당분간 다른 곳에서 일기예보를 찾으실 수 있기를 바랍니다.

사이트를 폐쇄한 이유는 저희가 변경하고 싶은 사항이 몇 가지 있기 때문입니다. 첫 번째로, 그리고 가장 중요하게도, 저희는 호주 본토 뿐만 아니라 태즈메이니아와 뉴질랜드의 날씨 보도를 시작하기로 결정하였습니다. 이는 상당히 광범위한 사이트의 프로그램 개편을 필요로 할 것입니다.

두 번째로, 저희는 홈페이지를 새로 디자인하기로 결정하였습니다. 최근 저희는 현 디자인에 대한 많은 불만을 접수하였는데, 그 불만의 대부분은 내용이 스크린에 배치된 방식 때문에 한눈에 정보를 알아보기 어렵다는 취지의 것이었습니다. 웹사이트가 정상 작동이 되면, 방문자들은 지도와 뉴스 이야기가 개방되고, 탁 트인 디자인에 배치되어 있는 것을 볼 것이고, 이는 그들이 더 쉽게 읽도록 만들 것입니다.

세 번째로, 저희는 방문객들이 날씨 움직임을 실시간으로 추적할 수 있게끔 홈페이지에 '레이더' 기능을 추가할 것입니다. 가끔, 저희가 호주 외부로부터 날씨 자료를 얻을 때 지연을 겪을 수 있습니다. 이것이 발생하면, 저희는 30분마다 주기적인 업데이트를 게시할 것입니다.

이것이 일단 마무리되면, 저희는 저희의 도달 범위가 대륙 전역 그리고 심지어 그 너머의 광범위한 독자들을 수용할 수 있을 만큼 충분히 넓어질 것이라고 확신합니다.

Australia Weather Watch팀 드림

elsewhere 다른 곳에   necessitate ~을 필요로 하다   extensive 광범위한   periodic 주기적인

1. 웹 페이지의 목적은 무엇인가?

(a) 최근 일기예보 지연에 대해 사과하기 위해
(b) 호주의 기상 경보를 발령하기 위해
(c) 독자들에게 서비스의 영구 폐쇄를 상기시키기 위해
(d) 곧 있을 변화의 세부 내용을 알리기 위해

▶정답 (d)

[해설] 두 번째 단락 The reason we've shut down this site is because there are several changes we would like to make.에서 알 수 있으며, 각각의 변화에 대해 자세히 언급하고 있다.

2. 사이트를 폐쇄하는 이유가 아닌 것은?

(a) 새로운 기능을 추가하기 위해
(b) 홈페이지를 새로 디자인하기 위해
(c) 사이트 프로그램을 개편하기 위해
(d) 다른 사이트와 병합하기 위해

▶정답 (d)

[해설] 두 번째 단락 This will necessitate a fairly extensive reprogramming of the site. 및 세 번째 단락 we have decided to redesign the homepage, 그리고 네 번째 단락 Third, we're going to be adding a "radar" feature to the homepage에서 알 수 있다. 다른 사이트와의 병합은 언급되어 있지 않다.

3. Australia Weather Watch의 방문객들이 불평한 것은 무엇인가?

(a) 온라인 정보의 오류
(b) 페이지를 로드하는 데 걸리는 시간
(c) 웹사이트가 다루는 범위
(d) 웹사이트의 배치

▶정답 (d)

[해설] 세 번째 단락 We have received a lot of complaints lately about the current design, many of them to the effect that the information is difficult to take in at a glance because of the way the contents are arranged on the screen.으로부터 알 수 있다.

4. 무엇이 실시간 날씨 움직임에 지연을 발생시키는가?

(a) 다른 나라로부터 데이터를 받는 것
(b) 동시에 너무 많은 방문객의 접속
(c) 새로운 멀티미디어 기능으로 인한 과부하
(d) 인터넷 환경의 저하

▶정답 (a)

[해설] 네 번째 단락 On occasion, we may experience delays when accessing weather data outside of Australia.에서 알 수 있다.

5. Australia Weather Watch에 대해 가장 적절한 것은 무엇인가?

(a) 호주 뿐만 아니라 그 너머의 날씨도 보도할 것이다.
(b) 날씨 정보에 대해서만 다룬다.
(c) 웹사이트를 사용하는 데 요금이 부과될 것이다.
(d) 광고 캠페인을 펼치려는 계획 중에 있다.

▶정답 (a)

[해설] 두 번째 단락 First, and most importantly, we have decided to start covering weather in Tasmania and New Zealand as well as the Australian mainland.로부터 확인 가능하다.

6. 본문 맥락에서 extensive가 의미하는 것은?

(a) 엄중한
(b) 산발적인
(c) 광범위한, 포괄적인
(d) 쓸모없는, 구식의

▶정답 (c)

7. 본문 맥락에서 periodic이 의미하는 것은?

(a) 되풀이되는, 주기적인
(b) 잠정적인
(c) 다재다능한
(d) 회복력 있는

▶정답 (a)

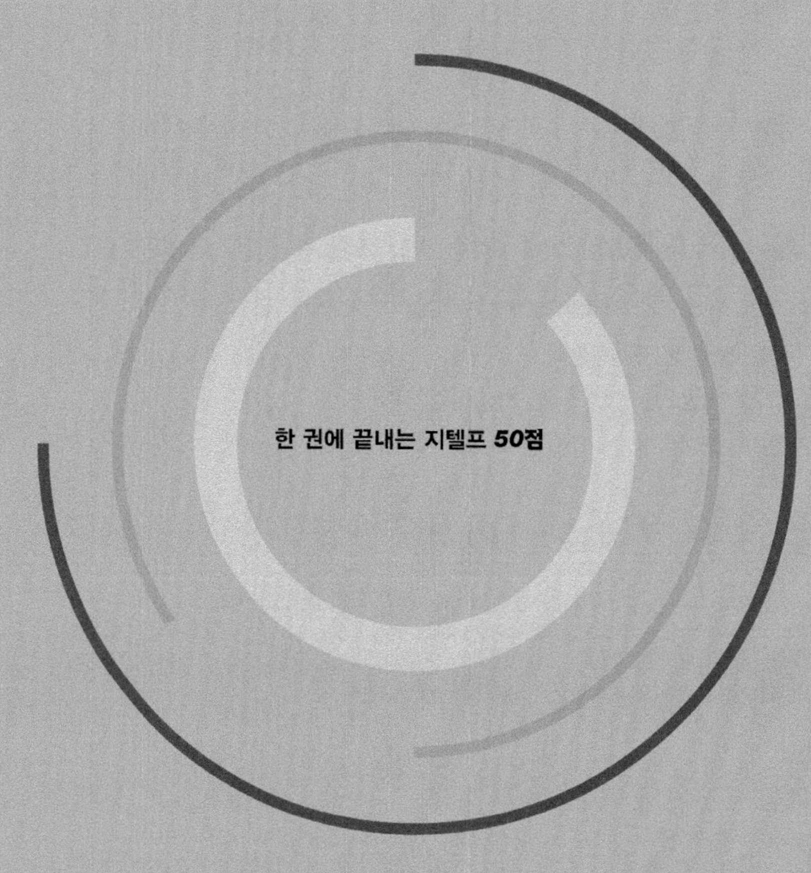
한 권에 끝내는 지텔프 50점

UNIT 09

모의고사 [1회]

Grammar

1 Gwen can't reach the apples in the highest branches of her fruit tree. If she had an extension ladder, she ________ able to retrieve them.

(a) would be
(b) would have been
(c) will be
(d) was

2 William is very stubborn and will not listen to advice. He went downtown at night ________ we told him that it wasn't safe.

(a) in order that
(b) even
(c) now that
(d) even though

3 At the stockholders' meeting, the majority shareholder stood up and demanded that he ________ heard by those present.

(a) was
(b) would be
(c) was being
(d) be

4 The major airlines are in fierce competition. As a result, Wild West Airlines has expanded its schedule ________ it can increase its market share.

(a) whenever
(b) so that
(c) even though
(d) every time

5 The budget proposal is not due until next month, so its' unnecessary that it ________ immediately.

(a) does
(b) is done
(c) be done
(d) will do

6 Most old people over 80 usually have lost their spouse and live alone. They always feel lonely and need someone ________.

(a) whom they can talk
(b) whom they can talk to
(c) who they can talk
(d) to who they can talk

7 Henry lost his job at the newspaper company. The publisher could no longer tolerate his poor work habits. On the day he was fired, Henry ________ when the boss passed by his work station.

(a) slept
(b) would sleep
(c) had slept
(d) was sleeping

8 Sophie looked really fit when I saw her recently. I asked her how she did it, and she said that she enrolled in a fitness program last month, and ________ regularly ever since.

(a) can exercise
(b) would exercised
(c) has been exercising
(d) will have exercised

9 Our office is only on the table for a limited time. If it isn't accepted by your company soon, it ______________.

(a) would be withdrawn
(b) would have been withdrawn
(c) would withdraw
(d) will be withdrawn

10 The space program has run into many unforeseen delays. If these problems hadn't occurred, unmanned spacecraft __________ on Mars.

(a) might have landed
(b) might be landed
(c) might land
(d) might be land

11 My brother is not very active. He sits at home each evening and devotes most of his time to ______________ TV.

(a) having watched
(b) watches
(c) watched
(d) watching

12 The ballet dancer _____________ looked very nervous. Even though it was her first appearance on the stage, I think she did very well.

(a) who to perform in front of 5,000 people
(b) who was to perform in front of 5,000 people
(c) whom was to perform in front of 5,000 people
(d) whom to perform in front of 5,000 people

13 A love of mystery stories, Judy has read three Agatha Christie novels in just seven days. She ____________ the work of other authors for several years before a friend suggested that she read Christie's work.

(a) is reading
(b) will read
(c) had been reading
(d) reads

14 We don't have much more to do in the yard. By the time you return from shopping, the work ______________.

(a) was finished
(b) will finish
(c) will be finished
(d) would finish

15 The fall of stock prices yesterday caught our financial department by surprise. If the fall had been properly predicted, so much money _______________.

(a) didn't lose
(b) wouldn't have been lost
(c) won't lose
(d) wouldn't be lost

16 Our office secretary, Miss Eve, has been with the company for almost a decade now. The entire staff is willing ____________ a party for her to celebrate her 10th year in the company next month.

(a) to contribute
(b) contributing
(c) having contributed
(d) to have contributed

17 Nina's niece is travelling alone for the first time and is very nervous about getting lost in Los Angeles. However, Nina tells her not to worry because she ____________ for her when her plane arrives.

(a) will wait
(b) waits
(c) has been waiting
(d) will be waiting

18 Geologists are predicting that an active volcano will erupt sometime next week. Authorities are telling the press not to risk ____________ the eruption too close, as this could put their lives in danger.

(a) to cover
(b) covering
(c) having covered
(d) to have covered

19 Nathan received a Superman costume from his mother for his birthday. The three-year-old boy loves the costume so much that he wears it all the time. By tomorrow, he ____________ it for one week.

(a) would have worn
(b) will have been wearing
(c) wore
(d) was wearing

20 Having become an object of bullying, a student threw himself off the tallest building in his school and died last week. The principal of the school grudgingly acknowledged ____________ he was bullied by some pupils.

(a) that has known
(b) had known
(c) having known
(d) knows

21 The chef was famous for a delicious poached salmon dish, so when we arrived at the restaurant we requested that he____________ it for us that evening.

(a) prepare
(b) prepares
(c) would prepare
(d) was preparing

22 Tim witnessed a hit-and-run accident on fifth street by chance. But he didn't see exactly the face of the driver ____________.

(a) whose bike was a snow-white Honda
(b) who was bike a snow-white Honda
(c) whose bike a snow-white Honda was
(d) who bike was a snow-white Honda

23 Veronica is fond of unusual food and would even risk her health just to try something different. Last month, she went to Japan ________________ eating "fugu," a type of blowfish that's very poisonous.

(a) experiencing
(b) to experience
(c) to have experienced
(d) will experience

24 The biology teacher was having each student cut up a frog to study its anatomy. One little girl asked that she ____________ from the project because it made her ill.

(a) be an excuse
(b) was excused
(c) be excused
(d) has excused

25 Tracy has just called me she had sent some presents for me. I'm looking forward to __________ it as soon as possible.

(a) receive
(b) received
(c) receiving
(d) being received

26 Matthew asked the bank to loan fifty thousand dollars to buy an apartment that may give him advantage in the custody fight. However, the investigators of the bank proposed that the loan _____________ by one third.

(a) reduce
(b) has reduced
(c) be reduced
(d) has been reduced

Arthur Conan Doyle

Arthur Conan Doyle wrote 60 mystery stories featuring the wildly popular detective character Sherlock Holmes and his loyal assistant Watson. On May 22, 1859, Arthur Conan Doyle was born to an affluent, strict Irish-Catholic family in Edinburgh, Scotland. Although Doyle's family was well-respected in the art world, his father, Charles, who was a life-long alcoholic, had few accomplishments to speak of. Doyle's mother, Mary, was a lively and well-educated woman who loved to read.

When Doyle graduated from Stonyhurst College in 1876, his parents expected that he would follow in his family's footsteps and study art, so they were surprised when he decided to pursue a medical degree at the University of Edinburgh instead. During Doyle's third year of medical school, he took a ship surgeon's post on a whaling ship sailing for the Arctic Circle. The voyage awakened Doyle's sense of adventure, a feeling that he incorporated into a story, Captain of the Pole Star.

In 1886, struggling to make it as an author, Doyle started writing the mystery novel A Tangled Skein which was rejected by several different publishers. Two years later, the novel was renamed A Study in Scarlet and published in Beeton's Christmas Annual. In the story, Holmes was presented as a single-minded person who had no interests apart from those which directly served his work as a detective. In later books and stories, he is depicted as a multi-faceted intellectual who was interested in and was deeply knowledgeable about numerous subjects that had nothing to do with detective work.

The prolific author also composed four of his most popular Sherlock Holmes books during the 1890s and early 1900s: The Sign of Four (1890), The Adventures of Sherlock Holmes (1892), The Memoirs of Sherlock Holmes (1894) and The Hound of Baskervilles, published in 1901. Holme's popularity and influence can be seen in any part of the world - there are a number of statues of him, notably the one in London at the Baker Street Subway, and another in a town in Switzerland. The famous 221 B Baker Street in London, Holme's address from 1881 to 1904, is now The Sherlock Holmes Museum.

By the time some 56 stories and four novels were published, and Conan Doyle had been one of the most widely read and translated writers of his generation. He also strove to spread his Spiritualism faith through a series of books that were written from 1918 to 1926. Doyle died of a heart attack in Crowborough, England on July 7, 1930.

53 Why were Doyle's parents surprised when he decided to attend the medical school?

(a) because they did not want him to be a doctor
(b) because they owned several museums
(c) because they thought he would study art
(d) because they often read books about fictional stories

54 Where was Doyle's debut story first seen?

(a) in a holiday publication
(b) in a mystery film
(c) in a television series
(d) in a medical magazine

55 Based on the article, which story is not included in Doyle's most popular books?

(a) The Hound of Baskervilles
(b) A Tangled Skein
(c) The Adventures of Sherlock Holmes
(d) The Sign of Four

56 What is NOT proof of Sherlock Holme's widespread popularity?

(a) A museum was named after him.
(b) A sculpture of him can be seen at a Swiss town.
(c) The house where he lived became a recognized landmark.
(d) A radio commercial was made for his novels.

57 Which of the following statement is true?

(a) When Doyle was born, his family was completely destitute.
(b) All of the Doyle's novels were written based on the Catholic faith.
(c) Doyle's earliest stories were more successful than the latter ones.
(d) Sherlock Holmes is not an instant success with people.

58 In the context of the passage, awakened means ________________.

(a) stimulated
(b) revised
(c) specified
(d) demanded

59 In the context of the passage, rejected means ________________.

(a) described
(b) organized
(c) disapproved
(d) enhanced

New Museum to Open in the Spring

At a press conference held yesterday, Minister of Antiquity, Fatima Hawas said that the deadline for the completion of the Royal National Museum of History has been delayed until the spring.

Originally scheduled to open in November of this year, the new museum and its facilities will now open on March 1 next year. Hawas said the delay was due to the unexpected challenges of moving the nation's treasures from across the country to the new museum in a safe manner. "We did not expect that the transfer of some larger artifacts and sculptures would be so difficult. But we don't want to rush the process and risk damage to any of our nations' treasures."

Construction of the new museum, located on the outskirts of the capital city, started five years ago. In addition to the public exhibition areas, the facility boasts large warehouses for artifacts not on display, a 500-seat auditorium for special events, an educational center for visiting archaeologists and professors, and dining and shopping establishments.

Mohammad Sharrif was appointed to head up the project by Hawas six years ago. Shariff said "This is probably the most challenging project I have ever worked on, but also the most rewarding." Sharrif claims that the current museum facilities in the capital city are in terrible condition and lack the necessary security systems. "My main goal was to make a home for our nation's treasures where they can be kept safely for generations to come. In addition, we hope that the Royal National Museum will benefit the tourism industry. We are predicting a 20 percent increase in tourists next year due primarily to the grand opening of this new facility."

60 What is the purpose of this article?

(a) To announce an upcoming renovation project
(b) To give an update on a facility construction
(c) To promote a museum exhibition
(d) To provide details of a grand opening

61 According to the article, why was the opening rescheduled?

(a) There were problems relocating some items.
(b) There were insufficient funds to complete the building.
(c) There was a problem caused by government policy.
(d) There was a security system malfunction.

62 Who is Mohammad Sharrif?

(a) A government representative
(b) A university professor
(c) A local archaeologist
(d) A leader for a project

63 What is NOT mentioned as being a part of the new facility?

(a) Display spaces
(b) Storage areas
(c) Eating facilities
(d) Library archives

64 What did Mr. Sharrif indicate about the project?

(a) It is costing more than expected.
(b) It will attract more visitors to the country.
(c) It is being promoted internationally.
(d) It was not as difficult as he had expected it to be.

65 In the context of the passage, <u>outskirt</u> means ____________.

(a) recipient
(b) assessment
(c) tendency
(d) suburb

66 In the context of the passage, <u>rewarding</u> means ____________.

(a) eligible
(b) gratifying
(c) irrelevant
(d) surplus

Mountain Climbing

Mountain climbing as a form of recreation began in Europe about 1800. In 1857, a group of mountaineers founded the Alpine Club in London. The club was the first to promote mountain climbing as an organized sport. The most famous climb in mountaineering history took place in 1953. In that year Sir Edmund Hillary of New Zealand and Tenzing Norgay of Nepal reached the top of Mount Everest, the world's highest mountain.

There are three basic forms of mountain climbing: (1) rock climbing, (2) snow and ice climbing, and (3) mixed climbing. Each has its own special equipment and techniques.

Rock climbing involves climbing up the rocky slopes of cliffs and mountains. Rock climbing is popular with beginning climbers, who generally practice on nearby cliffs that are not too difficult to scale. Rock climbers must learn the proper use of basic equipment, including ropes and such specialized devices as pitons, snap links, and chocks. A piton is an iron spike that can be hammered into rock cracks and crevices. It has a ring at one end to which a rope can be secured. Snap links, also called karabiners, are steel clips used to attach a rope to the climber or a piton. Chocks are metal nuts inserted into cracks and attached to slings. Many climbers used them instead of pitons.

Snow and ice climbing includes climbing in winter on glaciers, in ice gullies, or on slopes covered with snow and ice. Beginners must learn to use crampons, which are metal spikes attached to boots, to grip ice or hard snow. Beginners must also learn to handle ice axes, ice hammers, and ice screws, which serve the purpose of pitons on ice. Climbers should also understand what happens to ice and snow under various conditions.

Mixed climbing combines elements of rock climbing and snow and ice climbing. Mountaineers must face rugged rocky terrain as well as snow and ice and hazardous slopes. As a result, mixed climbing requires the most experience. Certain routes on Mount McKinley in Alaska and Mount Rainier in Washington are examples of mixed climbing.

67 What did the Alpine Club do before any other club?

(a) developing special equipment and tech- niques for mountain climbing
(b) promoting the sport of mountain climbing
(c) planning the climb of Mount Everest
(d) introducing mountain climbing as a form of recreation

68 What primary feature distinguishes the three types of mountain climbing from each other?

(a) the identical equipment used
(b) the dangers involved
(c) the terrain to be climbed
(d) the amount of experience required

69 What are snap links also known as?

(a) pitons
(b) karabiners
(c) iron spike
(d) chocks

70 How do crampons help mountaineers?

(a) They help them keep a grip on ice and hard snow.
(b) They help them hammer spikes into cracks and crevices.
(c) They help them measure the depth of the ice and snow.
(d) They help them handle their ice axes.

71 Which form of mountaineering is probably the most difficult?

(a) mixed climbing
(b) snow and ice climbing
(c) climbing mountains
(d) rock climbing

72 In the context of the passage, <u>scale</u> means ______________.

(a) reach
(b) measure
(c) climb
(d) practice

73 In the context of the passage, <u>rugged</u> means ______________.

(a) smooth
(b) high
(c) rough
(d) pure

To: Kevin Gordon <kgordon@epeople.com>
From: Johann Oakley <joakley@adcongress.org>
Date: September 30
Subject: Congress Participation

Thank you for accepting our invitation to the 20th Advertising Congress.

This event is organized annually to bring together advertisers and marketers from 200 companies in 50 countries. This year, our event is entitled "Advertisements through Social Networking". Several lectures will be delivered by advertising experts about the use of social networking Web sites such as Profiler.com and Chitchat.com in order to market products to various age groups.

As the founder and administrator of a popular social networking Web site, you will be leading a panel discussion about how advertising affects the users of your Web site. Selected delegates will be given a chance to provide both positive and negative points and decide whether advertising on social networking Web sites is either useful or harmful.

In addition, our accommodations committee will be in charge of hotel reservations to ensure that you will be staying close to the Chesterton Convention Center. To avoid delays, we encourage delegates to report to the location the day before the start of the event.

We will be sending you additional e-mails in the future regarding your transportation and accommodation arrangements. Meanwhile, if you have any questions or concerns, please contact me at (478) 555-1930.

We are looking forward to your participation at the congress.

Johann Oakley
20th Advertising Congress

74 Why was the e-mail sent?

(a) To outline directions to a conference venue
(b) To confirm receipt of an invitation
(c) To give details about a hotel reservation
(d) To provide extra information about an event

75 What is indicated about the Advertising Congress?

(a) It will give delegates a chance to discuss social network sites.
(b) It will introduce new advertising techno- logies.
(c) It attracts 50 of local companies.
(d) It is sponsored by several marketing firms.

76 Who most likely is Johann Oakley?

(a) A marketing specialist
(b) An events coordinator
(c) A Web site administrator
(d) A customer representative

77 What is mentioned about the participants attending the congress?

(a) They will present different forms of advertise-ments.
(b) They should submit a report for panel discu-ssion.
(c) They should arrive at the venue early.
(d) They will make accommodation arrangements.

78 What is Not mentioned about Kevin Gordon?

(a) He will moderate a panel discussion.
(b) He will bring some of his company em-ployees.
(c) He agreed to attend an important occasion.
(d) He created a successful online business.

79 In the context of the passage, harmful means ____________.

(a) obese
(b) delicate
(c) noxious
(d) messy

80 In the context of the passage, ensure means ____________.

(a) confirm
(b) exclude
(c) address
(d) avail

한 권에 끝내는 지텔프 50점

UNIT 09

정답과 해설

모의고사 [1회]

이현아 취향저격 G-TELP 50점

Grammar

01 ▶정답 (a)

| 정답 해설 |
If절의 시제가 과거동사이므로 주절에는 '조동사 과거형 + 동사원형'이 되어야 한다.
| 해석 |
Gwen은 그녀가 가진 과일 나무의 가장 높은 가지에 있는 사과에 닿을 수 없다. 만약 그녀가 연장 사다리가 있다면 그것들을 되찾을 수 있을 텐데.

retrieve 되찾다, 회수하다

02 ▶정답 (d)

| 정답 해설 |
문맥상 우리가 위험하다고 말을 했음에도 불구하고 윌리엄이 밤에 시내에 갔다는 내용이 적절하므로 '~에도 불구하고'를 뜻하는 양보부사절 접속사 even though가 가장 적절하다.
| 해석 |
William은 아주 완고하며 충고를 듣지 않을 것이다. 우리가 안전하지 않다고 그에게 말했음에도 불구하고 그는 밤에 시내로 갔다.

stubborn 완고한

03 ▶정답 (d)

| 정답 해설 |
주절의 동사가 demand이고 목적어 자리에 당위성의 내용을 담고 있는 that절이 왔으므로 동사원형이 들어가는 것이 가장 적절하다.
| 해석 |
주주 회의에서 과반수의 주주는 일어나서 출석자들이 그의 말을 들어야 할 것을 요구했다.

majority 과반수, 다수
those present 출석자

04 ▶정답 (b)

| 정답 해설 |
문맥상 '시장 점유율을 높일 수 있도록'이 들어가는 것이 가장 적절하므로 부사절 접속사 so that이 가장 적절하다. so that은 '~하기 위해서'라는 뜻을 지니고 있다.
| 해석 |
주요 항공사들은 격렬한 경쟁에 있다. 그 결과로, Wild West 항공사는 시장 점유율을 증가시킬 수 있도록 계획을 늘리고 있다.

fierce 사나운, 격렬한

05 ▶정답 (c)

| 정답 해설 |
이성적 판단의 형용사 unnecessary가 오고 that절이 왔으므로 동사원형이 들어가는 것이 가장 적절하다. 동사원형은 (c)밖에 없다.
| 해석 |
예산 제안 기한은 다음 달까지가 아니기 때문에 그것을 즉시 해야 할 필요가 없다.

due ~하기로 되어 있는, 예정된

06 ▶정답 (b)

| 정답 해설 |
선행사 someone을 꾸며주는 관계대명사가 들어가야 한다. talk은 자동사이고 전치사 to를 써야 '~에게 말을 하다'가 된다. 문맥상 '그들은 말할 수 있는 누군가가 필요하다'라 되므로 전치사 to가 들어가야 하고 전치사의 목적어가 없는 문장이므로 목적격 관계대명사 whom이 올바르다.
| 해석 |
80세를 넘은 대부분의 노인들은 자기 배우자를 잃고 혼자 산다. 그들은 늘 외로움을 느끼고 이야기를 할 수 있는 누군가가 필요하다.

spouse 배우자

07 ▶정답 (d)

| 정답 해설 |
when 부사절의 동사가 과거시제이므로 주절의 시제는 과거진행

시제가 가장 적절하다.

| 해석 |

Henry는 신문사에서 일자리를 잃었다. 그 회사는 더 이상 그의 형편없는 업무 습관을 참을 수가 없었다. 그가 해고되었던 그 날, Henry는 상사가 그의 옆 자리를 지나갈 때 자고 있는 중이었다.

08 ▶정답 (c)

| 정답 해설 |

ever since는 보통 완료 시제와 쓰는데, 빈칸 앞에 동사 시제 enrolled가 과거이고 last month (지난달)이라는 시간 부사를 통해서 과거부터 지금까지의 상황 묘사임을 알 수 있다. 현재완료진행시제가 가장 적절하다.

| 해석 |

내가 최근에 Sophie를 봤을 때 굉장히 건강해 보였다. 그녀에게 어떻게 했느냐고 물었더니 그녀는 지난달에 피트니스 프로그램에 등록해서 그때부터 꾸준하게 운동해왔다고 대답했다.

09 ▶정답 (d)

| 정답 해설 |

조건 부사절 접속사 if절의 동사가 현재시제 (isn't accepted)이므로 주절의 시제는 미래가 되어야 한다. 미래시제는 (d)밖에 없다.

| 해석 |

우리 사무실은 제한된 시간 동안만 검토 한다. 그것이 당신 회사에 곧 받아들여지지 않는다면 그것은 철회될 것이다.

be on the table 검토 중이다

withdraw 취소하다, 철회하다

10 ▶정답 (a)

| 정답 해설 |

If 가정법 절의 시제가 had p.p.이므로 주절의 시제는 '조동사 과거형 + have p.p.'가 되어야 한다.

| 해석 |

우주 프로그램은 많은 뜻밖의 지연을 만났다. 그러한 문제들이 일어나지 않았다면 무인 우주선이 화성에 착륙했을 것이다.

unforeseen 뜻밖의, 예상치 못한

unmanned 무인의

land 착륙하다

11 ▶정답 (d)

| 정답 해설 |

동사 devote는 'devote A to ~ing'의 구문으로 '~하는데 A를 헌신하다, 공헌하다'의 뜻을 지닌다. 전치사 to 이므로 동명사를 써야 한다는 점에 주의해야 한다.

| 해석 |

나의 오빠는 아주 활동적이지 않다. 그는 매일 저녁에 집에 앉아서 TV보는 데에 대부분의 시간을 쏟는다.

12 ▶정답 (b)

| 정답 해설 |

선행사 dancer를 꾸며주는 관계사가 들어가는 자리이며 주격 관계대명사 who 다음에는 동사가 바로 와야 한다. be to는 '~하기로 예정되어 있다'로 해석하면 된다.

| 해석 |

5,000명 앞에서 춤을 추기로 예정되어 있던 그 발레 댄서는 굉장히 긴장한 것처럼 보였다. 그것이 그녀의 첫 번째 무대 출연임에도 불구하고, 내 생각에 그녀는 꽤나 잘 해 냈다.

13 ▶정답 (c)

| 정답 해설 |

for several years(몇 년 동안)을 통해서 완료시제가 정답임을 알 수 있다. 또한, before 부사절에서 동사 suggested가 과거인데 문맥상 과거시점보다 앞선 시제를 나타내므로 과거완료진행시제가 올바르다.

| 해석 |

추리 소설을 좋아하는 Judy는 단 7일 만에 Agatha Christie 소설 3권을 읽었다. 한 친구가 Christie의 작품을 읽어보라고 권하기 전까지 그녀는 몇 년 동안 다른 작가의 작품을 읽어 왔었다.

14 ▶정답 (c)

| 정답 해설 |
시간 부사절 접속사 by the time(~할 때 쯤)가 이끈 절에서 동사의 시제가 현재이므로 주절의 시제는 미래가 되어야 한다. 미래시제는 (b)와 (c)가 있는데 빈칸 뒤에 목적어가 없으므로 수동태를 표현한 (c)가 정답이다.
| 해석 |
우리는 마당에서 할 일이 더 많이 있지 않다. 당신이 쇼핑에서 돌아올 때쯤 그 작업은 끝날 것이다.

15 ▶정답 (b)

| 정답 해설 |
If 가정법의 시제가 had p.p.이므로 주절의 시제는 '조동사 과거형 + have p.p.'가 되어야 한다.
| 해석 |
어제 주가 하락은 우리의 재무 부서에게 뜻밖이었다. 하락이 적절히 예상되었다면 많은 돈을 잃지 않았을 것이다.

by surprise 불시에

16 ▶정답 (a)

| 정답 해설 |
'~을 기꺼이 하다'는 뜻을 표현하는 관용표현은 'be willing to V'이다.
| 해석 |
우리 사무실 비서인 Eve는 현재 거의 10년 동안 회사에 있었다. 전체 직원은 다음 달 회사에서 그녀의 10년 근속을 축하하기 위해 파티에 기꺼이 이바지 할 것이다.

contribute 기여하다, 이바지 하다

17 ▶정답 (d)

| 정답 해설 |
when절에 arrives 현재시제가 나왔으므로 미래 내용임을 알 수 있다. 주절에는 미래를 나타내는 시제가 와야 하고, 이미 동작이 진행된 내용을 갖는 미래진행시제가 적합하다.
| 해석 |
Nina의 조카딸은 처음으로 혼자서 여행을 하고 있어서 Los Angeles에서 길을 잃을까 봐 매우 걱정하고 있다. 하지만 Nina는 비행기가 도착할 때 자신이 기다리고 있을 테니, 걱정하지 말라고 조카딸에게 말한다.

18 ▶정답 (b)

| 정답 해설 |
동사 risk의 목적어 자리이므로 동명사가 정답.
| 해석 |
지질학자들은 활화산이 다음 주 중에 분출할 것이라고 예측하고 있다. 관계 기관은 목숨이 위험할 수도 있으므로 언론에 화산 폭발을 너무 가까이서 취재하는 위험을 무릅쓰지 말라고 말하고 있다.

risk ~ing ~의 위험을 무릅쓰다
cover 취재하다

19 ▶정답 (b)

| 정답 해설 |
미래시점 by tomorrow까지 일주일 동안 for one week 계속 입고 있을 내용을 나타내는 미래완료진행시제가 적합하다.
| 해석 |
Nathan은 엄마로부터 슈퍼맨 복장을 생일선물로 받았다. 세 살배기 아이는 그 옷이 너무 좋아 늘 그것을 입고 있다. 내일이면 아이가 일주일 간 그 옷을 입고 있는 셈이다.

20 ▶정답 (c)

| 정답 해설 |
타동사 acknowledge는 목적어 자리에 동명사를 준동사로 가지는 대표 동사이다. '~을 인정하다'를 뜻하는 allow, admit, permit도 모두 동명사를 목적어로 쓴다. 보기에 동명사의 형태가 having known밖에 없으므로 정답으로 선택하면 된다. 완료동명사(having p.p.)는 기준 시점보다 한 시제가 앞선 것을 나타내준다.
| 해석 |
놀림거리의 대상이 되었기 때문에, 한 학생이 지난 주 학교의 가장 높은 건물에서 몸을 던졌고 목숨을 잃었다. 그 학교 교장 선생

님은 마지못해 그가 몇 몇 학생에게서 괴롭힘을 당한 사실을 알고 있었다는 것을 인정했다.

bully 괴롭히다
throw oneself 몸을 던지다
grudgingly 억지로, 마지못해
pupil 학생

21 ▶정답 (a)

| 정답 해설 |
명령/동의/제안/주장/요구/충고 동사에 해당하는 request의 목적어 자리에 당위성의 내용을 담은 that절이 왔으므로 동사원형이 들어가야 한다.
| 해석 |
요리사는 맛있는 데친 연어 요리로 유명했기 때문에, 우리는 음식점에 도착했을 때 그가 저녁에 우리를 위해 그것을 준비하도록 요청했다.

poached 데친

22 ▶정답 (a)

| 정답 해설 |
선행사 the driver를 수식하면서 명사 bike의 소유격을 표현하기 위해서는 소유격 관계대명사가 쓰여야 가장 적절하다. 소유격 관계대명사 뒤에는 반드시 명사가 와야 하고 완벽한 문장이 온다. 가장 적절한 것은 (a)이다. 주격 관계대명사 who를 쓰면 선행사를 꾸며주는 것이고 뒤에 동사가 오는 불완전한 문장이 와야 하는데 해석을 하지 않더라도 (b)와 (d)는 문법적으로 올바르지 않다.
| 해석 |
Tim은 우연히 5번 가에서 뺑소니 차 사고를 목격했다. 그러나 그는 순백색 혼다 제품 오토바이의 운전자 얼굴을 정확히 보지 못했다.

hit-and-run 뺑소니

23 ▶정답 (b)

| 정답 해설 |
일본에 간 목적에 해당하는 내용이 나와야 하므로 to 부정사의 목적을 나타내는 부사적 용법이 적절하다.
| 해석 |
Veronica는 독특한 음식을 좋아하고 뭔가 다른 음식을 시도하기 위해서라면 건강의 위험도 무릅쓰려 할 것이다. 그녀는 지난달에 독성이 강한 팽창어 종류인 복어를 먹어 보기 위해 일본에 갔었다.

blowfish 팽창어
fugu 복어

24 ▶정답 (c)

| 정답 해설 |
요청동사 ask의 목적어 자리에 that절이 왔으므로 동사의 형태는 (should) 동사원형이 되어야 한다. (a)와 (c)가 동사원형인데, (a)는 문맥상 그녀가 '변명이 되어야 한다'의 내용이 되므로 올바르지 않다. (c)의 be excused가 되면 '그녀가 면제되어야 한다'는 내용이 된다. excuse는 명사로 '변명, 이유'라는 뜻을 지니고 동사로 '면제해주다'의 뜻을 가지고 있다.
| 해석 |
그 생물학 선생님은 개구리 몸 구조를 연구하기 위해 학생에게 그것을 해부하라고 시켰다. 한 작은 소녀는 그 프로젝트가 그녀를 아프게 하기 때문에 그것을 면제 받도록 요청했다.

anatomy 해부, 구조
excuse 면제해 주다

25 ▶정답 (c)

| 정답 해설 |
「look forward to ~ing」는 '~하는 것을 기대하다'는 의미를 지니는 관용구문이다.
| 해석 |
Tracy가 나를 위해 선물을 보냈다고 좀 전에 전화했다. 난 가능한 한 빨리 그 선물을 받기를 기대하고 있다.

26 ▶정답 (c)

| 정답 해설 |
제안 동사 propose가 있고 당위성을 나타내는 내용이 that절에 왔다. that절의 동사는 「(should) + 동사원형」이 되어야 한다. 능동태 (a)가 정답이 되기 위해서는 목적어에 해당하는 명사가 있어

야 하는데 없으므로 수동을 의미하는 be reduced가 정답이다.

| 해석 |

Mattew는 친권 분쟁에 유리할 수 있도록 아파트를 한 채 사기 위해 그 은행에 5만 달러 대출을 요청했다. 하지만 은행 심사원들은 대출을 3분의 1로 줄이라고 제안했다.

custody 양육권
investigator 조사원, 수사원

Part 1

아서 코난 도일

아서 코난 도일은 굉장히 인기 있는 탐정가 캐릭터 셜록 홈즈와 그의 충성스러운 보조자 와트슨이 등장하는 60편의 추리소설을 썼다. 1859년 5월 22일. 아서 코난 도일이 스코틀랜드 에딘버러의 부유하고 엄격한 아일랜드-가톨릭 집안에서 태어났다. 도일의 가족은 예술계(미술)에서 명망이 높지만 그의 아버지 찰스는 평생 알코올 중독자였으며 이렇다 할 업적이 없었다. 도일의 어머니 메리는 활기차고 교육을 많이 받은 여성으로 독서를 좋아했다.

도일이 1876년 스토니허스트 대학을 졸업했을 때 그의 부모님들은 그가 가문의 발자취를 따라서 예술(미술)을 공부하기를 되기를 기대했는데, 도일이 에딘버러 대학교에서 의학 학위를 따겠다고 결정해서 놀랐다. 의과대학 3학년 때 도일은 북극권을 항해하는 포경선의 승선 의사 자리를 잡았다. 항해는 도일의 모험심을 일깨웠으며 이때의 감정이 그의 소설 '폴 스타호의 선장'에 잘 드러난다.

1886년 작가로서 성공하기 위해 노력하던 도일은 여러 출판산에서 거절당한 미스터리 소설 '얽힌 실타래'를 쓰기 시작했고, 이 소설은 여러 출판사에서 거절당했다. 2년 뒤, 제목을 '주홍색 연구'로 바꾸어 비톤 크리스마스 애뉴얼지에 게재했다. 그 소설에서 홈즈는 탐정 일에 직접적으로 도움 되는 것 말고는 아무 것에도 관심이 없는 외골수로 그려졌다. 뒤에 출간한 책과 소설에서 그는 탐정 일과 관련이 없는 수많은 일들에 대해 관심이 많고 박식한, 다재다능한 지식인으로 그려졌다.

다작인 작가 도일은 또한 1890년대와 1900년대 초 그의 대표작 셜록 홈즈 시리즈 4권을 썼다: 네 사람의 서명(1890), 셜록 홈즈의 모험(1892), 셜록 홈즈의 회상록(1894)과 1901년에 출판된 바스커빌의 개. 홈즈의 인기와 영향력은 전 세계 어느 곳에서도 볼 수 있다 - 그의 동상이 몇 군데 있는데 런던 베이커 스트리트 지하철역에 있는 것이 유명하며, 스위스의 한 마을에 있는 것도 유명하다. 런던 베이커 스트리트 221B은 1881년부터1904년까지 홈즈의 주소지로 유명했으며 지금은 셜록 홈즈 박물관이다.

56개 스토리와 4권의 책이 출판된 무렵, 코난 도일은 동시대에 가장 독자가 많고 외국어로 많이 번역된 작가가 됐다. 그는 또 1918년부터 1926년까지 쓴 일련의 책들을 통해 자기가 믿는 심령술을 확산시키려 노력했다. 도일은 1930년 7월 7일 영국 크로버러에서 심장마비로 죽었다.

detective 탐정, 형사
affluent 부유한, 풍부한
awaken 깨닫다, 눈뜨다
incorporate 포함하다, 구체화하다
struggle 투쟁하다, 애쓰다
reject 거부(거절)하다
a single-minded 외곬으로 생각하는
translate 번역하다
generation 세대, 동시대 사람들

53 ▶정답 (c)

| 정답 해설 |

그의 부모님들은 그가 부모님들의 뒤를 이어 예술을 공부할 것이라고 생각했기 때문에 의학을 공부하겠다고 했을 때 놀랐다는 내용이 언급되어 있다.

| 해석 |

도일이 의대에 가겠다고 결심했을 때, 그의 부모님들이 놀라신 이유는 무엇인가?

(a) 그들은 그가 의사가 되는 걸 원하지 않았기 때문에
(b) 그들은 몇 개의 박물관을 소유하고 있었기 때문에
(c) 그들은 그가 예술을 공부할 것이라고 생각했기 때문에
(d) 그들은 소설책을 자주 읽었기 때문에

54 ▶정답 (a)

| 정답 해설 |

1887년 연간지 비튼 크리스마스에 출판되기 전 여러 출판사들에게 의해 거절당했다는 내용을 통해 크리스마스(=휴일) 간행물에서 도일의 데뷔 소설이 실린 것을 알 수 있다.

| 해석 |

도일의 데뷔 소설을 가장 먼저 볼 수 있었던 곳은 어디였는가?

(a) 휴일 간행물
(b) 미스터리 영화
(c) 텔레비전 시리즈
(d) 의학 잡지

55 ▶정답 (b)

| 정답 해설 |

A Tangled Skein은 도일이 가장 먼저 쓴 소설로 후에 A Study in Scarlet로 이름을 바꾼 뒤 출간된다.

| 해석 |

기사에 따르면, 도일의 가장 인기있는 책들 중 포함되지 않은 소설은 무엇인가?

(a) 바스커빌의 개
(b) 얽힌 실타래
(c) 셜록 홈즈의 모험
(d) 네 사람의 서명

56 ▶정답 (d)

| 정답 해설 |

셜록 홈즈의 인기와 영향력은 세계 곳곳에서 발견될 수 있다며 나열한 문단에서 영국과 스위스에 그의 동상이 있다는 것이 언급되어 있다. 또한 셜록 홈즈가 거주했던 곳이 현재 셜록 홈즈의 박물관이 되었다는 점을 통해 박물관이 (a)와 (c)의 언급도 일치한다.

| 해석 |

셜록 홈즈의 폭넓은 인기를 증명하는 것이 아닌 것은?

(a) 그의 이름을 따서 박물관 이름을 지었다.
(b) 그의 동상을 스위스 마을에서 볼 수 있다.
(c) 그가 살았던 집이 유명한 랜드마크가 되었다.
(d) 그의 소설을 위한 라디오 상업 광고

57 ▶정답 (d)

| 정답 해설 |

셜록 홈즈는 사람들로부터 지금까지 꾸준히 사랑받고 있다는 내용이 언급되어 있다.

| 해석 |

다음의 진술 중 사실인 것은?

(a) 도일이 태어났을 때, 그의 가족은 몹시 가난했다.
(b) 도일의 모든 소설들은 가톨릭 신념을 기본으로 쓰여 졌다.
(c) 도일의 초기 작품들이 후에 쓰여 진 것들보다 더 성공적이었다.
(d) 셜록 홈즈는 하룻밤 성공이 아니다. (= 사람들로부터 꾸준히 사랑받는다.)

58 ▶정답 (a)

| 정답 해설 |

awaken ~을 일깨우다, 불러일으키다, 자극하다

| 해석 |

본문 맥락에서 awakened이 의미하는 것은?

(a) 자극하다
(b) 수정하다
(c) 명시하다
(d) 요구하다

59 ▶정답 (c)

| 정답 해설 |

reject 거절하다, 승인하지 않다

| 해석 |

본문 맥락에서, rejected가 의미하는 것은?

(a) 묘사되어진
(b) 조직되어진
(c) 허락받지 못한
(d) 향상되어진

Part 2

새로운 박물관 봄에 개관

어제 개최된 기자 회견에서 고대 유물 담당 장관 Fatima Hawas는 Royal 국립 역사 박물관 완공 마감일이 봄까지 연기되었다고 말했다.

원래 올해 11월에 개관하기로 예정되어 있었지만 새로운 박물관과 시설물들은 이제 내년 3월 1일에 개관할 것이다. Hawas는 지연된 이유는 전국에 있는 국보를 안전한 방법으로 새 박물관까지 옮겨야 하는 예기치 않은 난제 때문이라고 말했다. "우리는 부피가 큰 공예품들과 조각상들의 이송이 그렇게 어려울 것이라고는 예상하지 못했습니다. 그러나 이 과정을 서두르다 국보가 손상되는 위험을 원하지 않습니다."

수도의 변두리에 위치한 새로운 박물관 건설 공사는 5년 전에 시작했다. 공공 전시장에 더하여, 이 시설은 전시되지 않은 공예품들을 보관하는 큰 창고, 특별행사를 위한 500석짜리 강당, 방문하는 고고학자와 교수들을 위한 교육센터, 그리고 식사 및 쇼핑 시설을 자랑한다.

Mohammad Sharrif는 6년 전에 Hawas에 의해 이 프로젝트를 지휘하도록 임명되었다. Sharrif는 "이것은 아마 제가 지금까지 임했던 프로젝트 중에서 가장 힘들지만 가장 보람 있는 프로젝트이가도 합니다."라고 말했다. Sharrif는 수도에 있는 현재의 박물관 시설은 열악한 상황이며 필요한 보안 체계가 부족하다고 주장한다. "저의 주된 목표는 다음 세대를 위해 국보가 안전하게 지켜질 수 있는 근거지를 만드는 것이었습니다. 덧붙여서, 우리는 Royal 국립 박물관이 관광 산업에도 이익이 될 것으로 기대하고 있습니다. 이 새로운 시설의 대 개관을 주된 이유로 내년에 관광객들이 20퍼센트 증가할 것이라고 예상하고 있습니다.

completion 완성, 완료
transfer ~을 옮기다
artifact 공예품
sculpture 조각(작품)
outskirt 변두리, 교이
exhibition 전시회
archaeologist 고고학자
rewarding 보람있는, 가치있는
primarily 주로, 최초로

60 ▶정답 (b)

| 정답 해설 |

국립 역사 박문관의 완공 마감일이 봄까지로 연기되었다는 내용이 언급되고, 그 이후 박물관 건설 공사에 관한 정보를 알려주고 있으므로 시설 공사에 관한 최신 정보를 주기 위함이라는 (b)의 언급이 가장 적절하다.

| 해석 |

이 기사의 목적은 무엇인가?

(a) 다가오는 보수 작업 프로젝트를 알리기 위해서
(b) 시설 공사에 관한 최신 정보를 주기 위해서
(c) 박물관 전시회를 홍보하기 위해서
(d) 대 개관의 세부사항을 제공하기 위해서

61 ▶정답 (a)

| 정답 해설 |

개관이 지연된 이유는 국보를 안전한 방법으로 옮겨야 하는 예상하지 못한 어려움 때문이라고 언급되어 있다.

| 해석 |

기사에 따르면, 개관 일정은 왜 재조정되었는가?

(a) 일부 물건을 이동시키는데 문제가 있었다.
(b) 건물을 완공하는 자금이 충분하지 못했다.
(c) 정부 정책에 의해 발생한 문제가 있었다.
(d) 보안 시스템 오작동이 있었다.

62 ▶정답 (d)

| 정답 해설 |

Mohammad Sharrif was appointed to head up the project를 통해 이 프로젝트를 지휘하도록 임명된 것임을 알 수 있다.

| 해석 |

Mohammad Sharrif는 누구인가?

(a) 정부 직원
(b) 대학 교수
(c) 현지 고고학자
(d) 프로젝트의 지휘관

63 ▶정답 (d)

| 정답 해설 |

공공 전시장에 더하여 큰 창고와 식사 및 쇼핑 시설을 자랑한다는 내용이 지문에 언급되어 있지만 도서 보관소가 있다는 내용은 없다.

| 해석 |

새로운 시설의 일부로 언급되지 않은 것은 무엇인가?

(a) 전시 공간

(b) 보관 구역

(c) 식사 시설

(d) 도서 보관소

64 ▶정답 (b)

| 정답 해설 |

We are predicting a 20 percent increase in tourists next year due primarily to the grand opening of this new facility를 통해 관광객들이 20퍼센트 증가할 것이라고 예상한다는 내용이 언급되어 있다.

| 해석 |

Mr. Sharrif가 프로젝트에 관해 언급한 것은 무엇인가?

(a) 예상했던 것보다 비용이 더 든다.

(b) 더 많은 방문객들을 국내로 끌 것이다.

(c) 국제적으로 홍보되고 있다.

(d) 그가 예상했던 것만큼 어렵지는 않았다.

65 ▶정답 (d)

| 정답 해설 |

outskirt 변두리

| 해석 |

본문 맥락에서 outskirt가 의미하는 것은?

(a) 수령인

(b) 평가

(c) 경향

(d) 교외(도심지를 벗어난 지역)

66 ▶정답 (b)

| 정답 해설 |

rewarding 보람 있는

| 해석 |

본문 맥락에서, rewarding이 의미하는 것은?

(a) 적격의, 자격을 갖춘

(b) 흐뭇한, 기쁜

(c) 상관없는

(d) 과잉의

Part 3

등산

레크리에이션 등산은 1800년경 유럽에서 시작됐다. 1857년 산악인 몇 사람이 런던에서 알파인 클럽을 만들었다. 이 클럽은 최초로 등산을 체계적인 스포츠로 발전시켰다. 등산 역사에서 가장 유명한 등반 사례는 1953년에 있었다. 그 해에 뉴질랜드의 에드먼드 힐러리경과 네팔의 텐징 노르게이가 세상에서 가장 높은 에베레스트산 정상에 올랐다.

등산에는 세 가지 기본 형태가 있다: (1) 암벽 등반, (2) 눈과 얼음 등반(빙벽 등반이라고도 함-역주), 그리고 (3) 혼합 등반. 각각 별도의 전용 장비와 기법이 필요하다.

암벽 등반은 절벽과 산의 암벽 경사면을 오르는 것을 말한다. 암벽 등반은 초보 등산가들 사이에서 인기가 많은데, 그들은 보통 너무 어렵지 않은 가까운 절벽에서 연습한다. 암벽 등반가들은 등반을 하려면 로프와 피톤(하켄이라고도 함-역주), 스냅 링크, 촉(너트라고도 함-역주)과 같은 전문적인 장비를 포함하는 기본장비의 적절한 사용법을 배워야 한다. 피톤은 바위가 갈라진 곳이나 틈새에 박아 넣는 철제 못이다. 한쪽 끝에 고리가 있어서 로프를 걸 수 있다. 스냅 링크는 캐러비너라고도 하는데 로프를 등산하는 사람이나 피톤에 연결할 때 쓰는 강철 클립이다. 촉은 금속제 너트로 틈새에 끼워 넣고 슬링을 건다. 많은 등산가들이 피톤 대신으로 사용한다.

빙벽 등반은 겨울에 빙하, 얼음 도랑, 눈이나 얼음으로 덮힌 경사면을 등반하는 것을 말한다. 초보자는 반드시 크램폰(아이젠이라고도 함-역주) 사용법을 배워야 하며, 크램폰은 신발에 부착하는 금속제 스파이크로 얼음이나 단단한 눈에서 미끄러지지 않게 한다. 또 초보자는 얼음 도끼(피켈이라고도 함-역주), 아이스 해머, 아이스 스크루 사용법도 익혀야 한다. 이것들은 빙벽에서 피톤과 같은 용도로 사용한다. 등반하는 사람은 또 여러 상황에서 얼음과 눈에 일어나는 변화를 알고 있어야 한다.

혼합 등반은 암벽 등반과 빙벽 등반 요소가 결합된 것이다. 등산가는 울퉁불퉁한 바위 지역과 눈과 얼음으로 된 위험한 경사면을 넘어야 한다. 따라서 혼합 등반을 하려면 아주 많은 경험이 필요하다. 알래스카 매킨리봉과 워싱턴주 레이너봉에 있는 특정 루트가 혼합 등반장소로 꼽힌다.

involve 수반하다, 관련시키다
slope 경사면
scale 오르다, 규모
hammer 망치로 치다
crevice 틈
secure 안전한, 튼튼한
grip 꽉 붙잡음, 움켜잡다
rugged 바위투성이의, 난폭한

67 ▶정답 (b)

| 정답 해설 |
첫 번째 문단에서 체계적인 스포츠로 등반을 발전시킨 것이라는 말이 나온다. 등반을 처음으로 도입했다는 (d)의 오답에 걸리지 않도록 정확한 독해를 해야 한다.
| 해석 |
알파인 클럽이 다른 클럽들보다 먼저 한 것은 무엇인가?
(a) 등반을 위한 특별 장비 및 기술을 개발한 것
(b) 등반 스포츠를 발전시킨 것
(c) 에버레스트 등반을 계획한 것
(d) 레크리에이션의 한 형태로 등반을 도입한 것

68 ▶정답 (c)

| 정답 해설 |
세 가지의 다른 등반의 유형은 등반하는 지형에 따라서 나뉘는 것을 3,4,5문단을 통해서 알 수 있다. 각각의 문단에서 3가지 다른 유형의 등반에 대해서 자세하게 소개하는데, 지형의 특성을 가장 먼저 설명하고 있다.
| 해석 |
서로 다른 3가지 유형의 등반을 구별하는 가장 주된 특성은 무엇인가?
(a) 사용되는 동일한 장비
(b) 연관되어 있는 위험
(c) 등산되어지는 지는 지형
(d) 필요로 하는 경험의 양

69 ▶정답 (b)

| 정답 해설 |
3문단에서 Snap links, also called Karabiners라는 표현을 통해 스냅 링크가 캐러비너라고도 불리는 것을 알 수 있다.
| 해석 |
스냅 링크는 또한 무엇으로 알려져 있나?
(a) 피톤
(b) 캐러비너
(c) 금속제 스파이크
(d) 촉

70 ▶정답 (a)

| 정답 해설 |
Beginners must learn to use crampons, which are metal spikes attached to boots, to grip ice or hard snow문장을 통해 얼음이나 단단한 눈에서 미끄러지지 않도록 도와주는 용도가 크램폰임을 알 수 있다.
| 해석 |
크램폰은 등반가들을 어떻게 도움을 주나요?
(a) 얼음이나 단단한 눈에서 미끄러지지 않게 도와준다.
(b) 스파이크를 갈라진 틈이나 틈새에 박아 넣을 수 있도록 도와준다.
(c) 얼음과 눈의 깊이를 측정하도록 도와준다.
(d) 그들의 얼음도끼를 조정하는 것을 도와준다.

71 ▶정답 (a)

| 정답 해설 |

Mixed climbing requires the most experience라는 문장을 통해 가장 어려운 등반이 혼합 등반임을 알 수 있다.

| 해석 |

어떤 유형의 등반이 가장 어려울 거 같은가?

(a) 혼합 등반
(b) 눈과 얼음 등반
(c) 산 등반
(d) 바위 등반

72 ▶정답 (c)

| 정답 해설 |

scale (아주 높고) 가파른 곳을 오르다

| 해석 |

본문 맥락에서 scale이 의미하는 것은?

(a) 도달하다
(b) 측정하다
(c) 등반하다
(d) 연습하다

73 ▶정답 (c)

| 정답 해설 |

rugged 바위투성이의, 기복이 심한

| 해석 |

본문 맥락에서 rugged가 의미하는 것은?

(a) 부드러운
(b) 높은
(d) 거친
(d) 순수한

Part 4

수신: Kevin Gordon 〈kgordon@epeople.com〉
발신: Johann Oakley 〈joakley@adcongress.org〉
날짜: September 30
제목: Congress Participation

제 20회 광고 대회의 초청을 수락해주셔서 고맙습니다.

50개국 200개 회사들의 광고인들과 마케터들을 한 자리에 모으기 위해 이 행사는 매년 개최됩니다. 올해 저희 행사에는 "소셜 네트워킹을 통한 광고"라는 제목이 붙었습니다. 제품을 다양한 연령 집단에게 판매하기 위해 Profiler.com이나 Chitchat.com과 같은 소셜 네트워킹 웹사이트들을 활용하는 것에 대한 여러 강의가 광고 전문가들에 의해 이루어질 것입니다.

귀하께서는 인기 있는 소셜 네트워킹 웹사이트의 구축자이자 관리자로서, 귀하의 웹사이트 사용자들에게 광고가 어떻게 영향을 미치는가에 대한 공개 토론회를 이끌게 될 것입니다. 선발된 대표들은 긍정적인 논점과 부정적인 논점을 모두 전달하고 소셜 네트워킹 웹사이트에서의 광고가 유용한지 아니면 유해한지에 대해 판단할 기회를 받을 것입니다.

게다가, 저희 숙박 위원회는 귀하께서 반드시 Chesterton 컨벤션 센터에서 가까운 곳에 머무실 수 있도록 하기 위해 호텔 예약을 책임질 것입니다. 지연을 방지하기 위해, 행사 시작 전날에 대표들께서 행사 장소에 와주실 것을 권장합니다.

저희는 교통편과 숙박시설 마련에 관해 앞으로 귀하께 추가 이메일을 보낼 것입니다. 그 동안 질문이나 염려되는 점이 있으시면 (478) 555-1930으로 저에게 연락주시기 바랍니다.

저희는 귀하의 이 대회 참여를 학수고대하고 있습니다.

Johann Oakley
제 20회 광고 대회

congress 대회, 의회
organize 조직하다, 편성하다
deliver 말하다, 배달하다
delegate 대표, 대리인
harmful 해로운

accommodation 숙박, 적응, 화해
ensure 보장하다
meanwhile 한편, 그 사이에

74 ▶정답 (d)

| 정답 해설 |
이메일 앞부분에 행사가 광고인들과 마케터들을 한 자리에 모의기 위해 매년 개최된다는 내용이 언급되었고, 이후에 이 행사에 대한 세부 내용을 제공하고 있다. 행사에 대한 추가정보를 제공하는 것이 목적임을 알 수 있다.
| 해석 |
이메일은 왜 보내졌는가?
(a) 회의 장소에 가는 약도를 설명하기 위해
(b) 초청장 수령을 확인하기 위해
(c) 호텔 예약에 관한 세부사항을 전달하기 위해
(d) 행사에 대해 추가 정보를 제공하기 위해

75 ▶정답 (a)

| 정답 해설 |
It will give delegates a chance to discuss social network sites라는 문장을 통해 대표들에게 소셜 네트워크 사이트들에 관해 논의할 기회를 준다는 (a)의 진술이 언급되어 있음을 확인할 수 있다.
| 해석 |
광고 대회에 대해 언급된 것은 무엇인가?
(a) 대표들에게 소셜 네트워크 사이트들에 대해 논의할 기회를 줄 것이다.
(b) 새로운 광고 기법을 소개할 것이다.
(c) 50개의 지역 기업들을 유치한다.
(d) 여러 마케팅 기업에 의해 후원 받는다.

76 ▶정답 (b)

| 정답 해설 |
이메일을 쓴 사람임을 확인할 수 있다. 이벤트와 관련된 세부사항을 전달하고 문의가 있으면 자신에게 연락하라고 한 내용으로 미루어보아 행사 진행 책임자임을 추론할 수 있다.
| 해석 |
Johann Oakley는 누구일 거 같은가?
(a) 마케팅 전문가
(b) 행사 진행 책임자
(c) 웹사이트 관리자
(d) 고객 대표

77 ▶정답 (c)

| 정답 해설 |
To avoid delays, we encourage delegates to report to the location the day before the start of the event를 통해 행사 전날 행사 장소에 와줄 것을 권장한다는 것을 알 수 있다. (c)의 진술은 일치하며 (a), (b), (d)의 내용은 지문에 언급되어 있지 않다.
| 해석 |
대회에 참가하는 참가자들에 대해 언급된 것은 무엇인가?
(a) 여러 다른 형태의 광고들을 선보일 것이다.
(b) 공개 토론회를 위한 보고서를 제출해야 한다.
(c) 대회 장소에 일찍 도착해야 한다.
(d) 숙박 준비를 할 것이다.

78 ▶정답 (b)

| 정답 해설 |
Kevin Gordon이 회사 직원을 데리고 갈 것이라는 내용이 지문에 언급되어 있지 않다.
| 해석 |
Kevin Gordon에 대해 언급되지 않은 것은 무엇인가?
(a) 공개 토론회의 사회를 볼 것이다.
(b) 자신의 회사 직원 몇 명을 데려올 것이다.
(c) 중요한 행사에 참가하기로 동의했다.
(d) 성공적인 온라인 사업을 구축했다.

79 ▶정답 (c)

| 정답 해설 |
harmful 해로운
| 해석 |
본문 맥락에서, harmful가 의미하는 것은?

(a) 비만의
(b) 섬세한
(c) 해로운
(d) 정돈되지 않은

80 ▶정답 (a)

| 정답 해설 |

ensure 보장하다

| 해석 |

본문 맥락에서, ensure이 의미하는 것은?
(a) (사실임을) 확인하다, 확정하다
(b) 배제하다
(c) 연설하다, 해결하다
(d) 도움이 되다, 소용에 닿다

한 권에 끝내는 지텔프 50점

UNIT 10

모의고사 [2회]

이현아 취향저격 G-TELP 50점

Grammar

1 Shore's Fine Confections is one of the most sought-after candyzzz stores in town during the holidays. Famous for its European-style chocolates since 1920, Shore's ____________ them for almost a hundred years.

(a) has been selling
(b) are selling
(c) sell
(d) had sold

2 We don't have to eat at an Italian restaurant tonight. I suggest that Lorraine ____________ dinner. She has just perfected making ravioli and is excited to show off her new skill.

(a) is preparing
(b) has prepared
(c) prepares
(d) prepare

3 Jenny started looking for good Christmas bargains as early as October. However, she did not start shopping until last week when the prices were lower. She ________ more money if she had shopped earlier.

(a) would spend
(b) spent
(c) was spending
(d) would have spent

4 The personnel office hasn't announced the successful applicant for the supervisory position. As a result, we don't know ____________.

(a) whom has gotten the job
(b) which got the job
(c) whose got the job
(d) who got the job

5 Last week, Alex resigned from his job as a production assistant in a well-known media company. He ___________ there for almost four years when he got a job offer as a field reporter in another company.

(a) worked
(b) had worked
(c) would work
(d) had been working

6 The marketing poll has just been completed. By the time the data is needed next month, it __________ according to geographical area.

(a) has been analyzed
(b) will have been analyzed
(c) is being analyzed
(d) would be analyzed

7 Sam told me that he met someone at the coffee shop. He said that he even asked her out to dinner. After learning what her name was, I told him that the woman ____________ was my boss.

(a) whom he just asked out on a date
(b) that just asked him out on a date
(c) why did he asked her out on a date
(d) which he just asked out on a date

8 Mr. Stafford's 1997 Volkswagen Beetle is now costing him too much to maintain. He is considering ____________ the small car with a minivan, as he is now a family man.

(a) replacing
(b) to replace
(c) having replaced
(d) to have replaced

9 The number of students who enroll in online programs has doubled since the late 1990s. Online education seems to be a viable solution for those students who ____________ for ways to finish their degrees earlier than usual.

(a) have been looking
(b) are looking
(c) look
(d) had looked

10 I want to complain about a clerk who was very rude to me yesterday. Unfortunately, I've forgotten the name of the clerk ____________.

(a) whom had an unacceptable attitude
(b) who has had an unacceptable attitude
(c) who I had an unacceptable attitude
(d) whose attitude was unacceptable

11 Several student and adult groups in the U.S. are rallying against police violence. The movement urges that the police ____________ from hurting people who are merely suspected of committing a crime.

(a) are refraining
(b) refrain
(c) will refrain
(d) refrains

12 The Clarkes are so proud of their cottage house. Even though many hurricanes have battered it, the beautiful house still stands. They ____________ there for several decades, and have no plans of moving elsewhere.

(a) have been living
(b) would have lived
(c) are living
(d) would live

13 We plan to join Karen for dinner tonight at the restaurant. We will get there at about 5:00 p.m., ________________ the traffic is not too heavy.

(a) in order that
(b) so that
(c) provided that
(d) every time that

14 Marty got a fractured leg in a biking accident last week. He wasn't able to slow down over a speed hump which caused him to fall badly. If he had been careful, he ____________ that mishap.

(a) would have avoided
(b) will have been avoided
(c) was avoiding
(d) would avoid

15 Timmy was late for work yesterday because he had to go back home to get his driver's license. He ________________ along the freeway when he realized that he forgot to bring it.

(a) was already driving
(b) had already driven
(c) will already be driving
(d) would already drive

16 Jessie has already lost 14 pounds, but he still plans to continue jogging every morning to lose more weight. If I were as determined as Jessie is, I _______________ as much calories as he does daily.

(a) have burnt
(b) would burn
(c) was burning
(d) will burn

17 Katie's flight has been delayed, and it's good that I brought a book with me. I won't get bored while waiting for her. By the time her plane arrives, I _______________ here for two hours!

(a) sat
(b) will have been sitting
(c) was sitting
(d) would have sat

18 Some people think that they know everything about food, but are surprised by new facts they learn. For example, tomato, _____________ a vegetable, is actually a fruit of the berry family.

(a) how many mistake for
(b) what many mistake for
(c) which many mistake for
(d) why many mistake for

19 Ernest lost his credit card along with his wallet on the bus today. I told him that he ____________ report the loss to the credit card company to have his card blocked so no one could use it.

(a) can
(b) will
(c) must
(d) may

20 Gertrude hardly has time for physical activity due to her busy work schedule. Hence, she takes advantage of every form of exercise she can engage in which includes ___________ from the train station to her office.

(a) to walk
(b) walking
(c) having walked
(d) to be walking

21 MMA fighter Connor McGregor lost his match against Floyd Mayweather, but he showed that he was a very capable fighter. McGregor, ________________, was able to keep up with one of the best boxers of all time.

(a) when he was participating in his first boxing match
(b) who was participating in his first boxing match
(c) which was participating in his first boxing match
(d) where he was participating in his first boxing match

22 Chemistry experiment involves the use of different unstable chemicals. The activity is so dangerous that the students ___________ wear their gloves and masks while handling the mixtures.

(a) shall
(b) might
(c) must
(d) can

23 The Thespian Theater Guild is looking for actors who can also sing and dance. Starting December, the group ________________ a Christmas musical for one month and needs people to fill in for some of the cast members.

(a) presents
(b) will present
(c) will be presenting
(d) are presenting

24 John was very hungry this afternoon and didn't have anything to eat. He ______________ something to snack on while he worked.

(a) ought to be brought
(b) ought to bring
(c) ought to be bringing
(d) ought to have brought

25 Shopping is Wendy's favorite pastime. Her husband often worries about her _________ too much money.

(a) being spent
(b) to spend
(c) spent
(d) spending

26 Pollution problem in the 1970s led to strict automobile emissions standards. Had the government acted early, these standards __________________________.

(a) wouldn't be needing
(b) wouldn't have been needed
(c) wouldn't need
(d) wouldn't have been needing

WALTER REED

Walter Reed, a United States Army Pathologist and bacteriologist, proved that yellow fever, for several centuries one of the great scourges of the Western Hemisphere, is transmitted by the bite of a mosquito. Reed was born in Belroi in Gloucester Country, Virginia, on September 13, 1851. In 1866 his family moved to Charlottesville, where Walter intended to study classics at the University of Virginia. After a period at the university he transferred to the medical facility, completed his medical course in nine months, and in the summer of 1869, at the age of 18, graduated as a doctor of medicine. To obtain further clinical experience he matriculated as a medical student at Belevue Medical College, New York, and a year later took a second medical degree there. He held several hospital posts as an intern and was a district physician in New York. He decided against general practice, however, and for security chose a military career. In February 1875, he passed the examination for the Army Medical Corps and was commissioned a first lieutenant.

In 1889, he was appointed attending surgeon and examiner of recruits at Baltimore. He had permission to work at the Johns Hopkins Hospital, where he took courses in pathology and bacteriology. In 1893, Reed was assigned to the posts of curator of the Army Medical Museum and professor of bacteriology and clinical microscopy at the newly established Army Medical School. During the Spanish-American War of 1898, he was appointed chairman of a committee to investigate the spread of typhoid fever in military camps.

During most of the 19th century, it had been widely held that yellow fever was spread by fomites-ie., bedding and clothing that had been used by a yellow fever patient. As late as 1898, a U.S. official report ascribed the spread to this cause. Meanwhile, other methods of transmission had been suggested. In 1881, the Cuban physician and epidemiologist, Carlos Juan Finlay formulated a theory of insect transmission. In 1896, an Italian Bacteriologist, Giuseppe Sanarelli, claimed that he had isolated from yellow fever patients an organism he called Bacillus icteroides. The U.S. Army appointed Reed and Army physician James Carroll to investigate Sanarelli's bacillus. Reed and Carroll published their first report in April 1889 and in February 1990, submitted a complete report for publication. It showed that Sanarelli's bacillus belonged to the group of hog-cholera bacillus and was in yellow fever a secondary invader.

On his return to Washington in February 1901, Reed continued his teaching duties. He died following an operation for appendicitis on November 22, 1902. The Army general hospital located in Washington, D.C. was named in his honor.

53 What was Dr. Walter Reed's greatest contribution to medicine?

(a) He discovered fomites.
(b) He was the scourge of the Western Hemisphere.
(c) He proved that yellow fever did not exist.
(d) He proved that yellow fever was transmitted by a mosquito bite.

54 At what age did Dr. Walter Reed become a doctor of medicine?

(a) 18 years old
(b) 22 years old
(c) 30 years old
(d) 40 years old

55 Why did Dr. Walter Reed decided to join the Army?

(a) to travel
(b) to work with sick soldiers
(c) for security
(d) for research opportunities

56 Why was Reed appointed chairman of a committee during the Spanish-American war?

(a) to determine how to examine Army recruits
(b) to determine how typhoid was spread in camps
(c) to obtain further clinical experience
(d) to serve as an Army first lieutenant

57 How did Reed and Carroll link the transmission of yellow fever to mosquitoes?

(a) by determining that Sanarelli's bacillus was a secondary invader
(b) by determining the connection between typhoid fever and yellow fever
(c) by injecting blood into yellow fever patients
(d) by examining the mosquito bacillus under a microscope

58 In the context of the passage, <u>intended</u> means ______________.

(a) decided
(b) planned
(c) hated
(d) enrolled

59 In the context of the passage, <u>transmission</u> means ____________.

(a) growth
(b) recommendation
(c) induction
(d) spreading

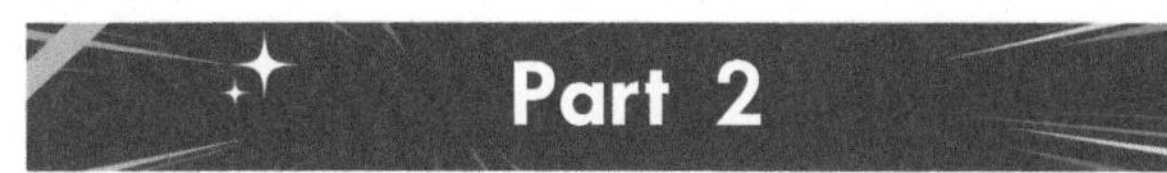

An American Opportunity

America is currently experiencing the second largest wave of immigration in nation's history. Over 14 million men, women, and children from other countries have entered the United States over the last eight years. Just 100 years ago, 90 percent of all immigrants entering the United States were Europeans. Today, 90 percent are from Third World nations. In 2016 Asians accounted for nearly half the immigration into the U.S., Latin Americans 40 percent, and Europeans 5 percent. Obviously, this has implications for America's public schools. Over the last 10 years alone, the number of public school students with limited proficiency in English has risen more than 250 percent.

In all, nearly three million immigrant children are in America's classrooms today. They are there to learn English, math, science, geography, and history. Equally important they are there to learn about the United States, its society, its way of life. However, these children face unique barriers to learning. In addition to language, they are particularly disadvantaged by standardized tests and grouping of students by “ability” - two widely used educational practices that reflect language proficiency more than learning potential.

Clearly, immigrant students must rapidly become English proficient - and not solely for academic work. They need English to participate fully in extracurricular activities and social events. These interactions are an important part of the larger experience of school, and ultimately of American Life. For students who are not English proficient, bilingual education programs can play a very important role. These programs help students learn academic subjects in their native language at the same time they're learning English. Bilingual programs offer youngsters who have suffered discrimination for looking or speaking differently the opportunity to learn English without embarrassment. And they allow immigrant children to maintain ties with family customs and traditions while adapting to their new country.

Unfortunately, bilingual programs remain notoriously understaffed. The severe shortage of bilingual teacher is a national shame, especially given the importance of knowing more than one language in today's tightly interwoven global economy.

60 Which world group has had the largest number of immigrants to the United States in recent years?

(a) Latin Americans
(b) Asians
(c) Europeans
(d) Native Americans

61 How has the large number of immigrants affected U.S. public schools?

(a) There are now many students with limited English proficiency.
(b) English abilities have risen in the past few years.
(c) About 250 percent more classroom space is needed.
(d) Teachers have to learn 50 to 115 languages.

62 According to the article, why do immigrant students need to learn English, other than for academic work?

(a) to do well on standardized tests
(b) to participate actively in American society
(c) to be placed in the right group
(d) to maintain their traditions

63 What is a serious barrier to providing opportunity to non-English-speaking American immigrants?

(a) increased immigration
(b) overcrowded public schools
(c) the shortage of bilingual teachers
(d) the number of languages spoken

64 What is this article arguing for?

(a) discrimination against immigrant children
(b) decreasing the number of languages used in the U.S.
(c) more widespread use of standardized tests
(d) quality of bilingual education programs in the U.S.

65 In the context of the passage, barriers mean ________________.

(a) highlight
(b) obstacle
(c) allocation
(d) entrepreneur

66 In the context of the passage, notoriously means ____________.

(a) meticulously
(b) fortunately
(c) expensively
(d) infamously

Part 3

Synthetic Pesticides

Early success with chemicals such as DDT (dichloro diphenyl trichloroethane) effectively diminished the number of harmful insects that had plagued humans for thousands of years. DDT was widely applied across the world throughout the middle of the twentieth century. When a broad-spectrum pesticide like DDT is applied to a crop, it usually kills the vast majority of target pests (along with many natural predators of the pests), but a naturally resistant portion of the pest population survives. Often, the net effect is a subsequent increase in the number of resistant pests, followed by increased resistance in successive generations.

An example can be seen in the cotton industry in the southwestern U.S., where pink bollworm populations were successfully controlled by DDT in the early 1950s. Soon, however, their numbers exploded because naturally resistant survivors had no predators; area wasps that prey on the pests were virtually wiped out by DDT. Farmers responded by repeated applications of the pesticide to try to control the bollworm. Ironically, this created a cycle known as the "pesticide trap," where survivors pass on their intrinsic resistance, creating even stronger offspring genetically predisposed to successfully coping with the pesticide.

Concerned scientists began to realize that these chemicals were not only toxic at the point of source, but that the toxins could end up polluting lakes and rivers due to agricultural runoff. DDT, for example, was blamed for a pronounced decline in bird populations. It was later learned that decades of spraying DDT had created toxic concentrations of chemicals in the tissues of higher organisms through biomagnification. It increasingly seemed that its continued use was no longer justified.

Agronomists were faced with stronger pests and the challenge of moving beyond reliance on a single broad-spectrum chemical. One technique to maximize the chance of success is to apply a mix of various pesticides at the same time, with the hypothesis that if one means of attack fails, another will work. Also, pesticides can be used in rotation or sequence. However, skeptics emphasize that this method also necessitates the continual application of artificial chemicals and that the cumulative effect of these chemicals on ecosystems as a whole is still poorly understood. They point to DDT as an example of a past solution that was originally believed to be sound, but which ultimately turned out to have unforeseen dangers.

67 What can be said about the pink bollworm in the southwestern U.S.?

(a) It was successfully controlled by natural means.
(b) It was a problem for farmers of crops other than cotton.
(c) Before DDT was introduced, it had no natural predators.
(d) It was not a significant threat to crops in the early 1950s.

68 What was the reason for failure of the repeated application of DDT?

(a) The pests least susceptible to the chemical endured and procreated
(b) The progeny of surviving pests reproduced at a much faster rate
(c) The chemical eradicated most pests, leaving less competition for those that survived
(d) Ensuing offspring of survivors reproduced less efficiently than preceding generations

69 What is not true about broad-spectrum chemicals like DDT?

(a) They can move away from farms and contaminate bodies of water.
(b) They were responsible for a decline in the numbers of birds.
(c) They sometimes accumulate in the bodies of animals.
(d) They proved more lethal to avian popul- ations than to insects.

70 Which of the following is true about the multi-attack approach to pest control?

(a) It will result in pests that are resistant to a wider range of chemicals.
(b) It can create more effective chemical reactions than previous methods.
(c) It may involve the application of different chemicals at different times.
(d) It can utilize a single chemical to control different types of pests.

71 Why have more people in agriculture embraced integrated pest management?

(a) concerns that traditional methods do more harm than good
(b) fears that chemicals can have unexpected consequences
(c) the ineffectiveness of other methods in killing highly resistant pests
(d) the stricter environmental regulations re- garding artificial chemicals

72 In the context of the passage, <u>subsequent</u> means ______________.

(a) successive
(b) prolific
(c) intrinsic
(d) marked

73 In the context of the passage, <u>justified</u> means ______________.

(a) reliable
(b) appropriate
(c) confirmed
(d) vigorous

Part 4

May 25
Barbara Koteva
Director for Corporate Social Responsibility
Ademus Petroleum

Dear Ms. Koteva,

Thank you on behalf of our organization for the support you have shown to the Society for the Preservation of Earth's Environment(SPEE). As part of our standard commitment to our valuable partners, we have enclosed our annual report covering new developments, ongoing activities, and budget allocations for the past fiscal year. We hope that after reading our report, you will continue supporting our efforts.

In summary, let me begin by stating that the past year has been our most productive since we started, but a number of challenges remain. Here are just a few of the highlights you will find inside our report.

We saw record collections in private donations, public <u>grants</u>, and financial commitments from the business sector. This was aided in part by the launching of our multilingual Web site and the publicity we received from a documentary film shown during the previous year's Earth Day celebrations.

Joining our board of directors were two well-respected individuals from the nonprofit sector, Mr. Jonah Gelding and Ms. Heather Leach. Their combined experience working in South Asia and Eastern Europe has helped to spur a growth in membership in those regions.

Lastly, we saw the implementation of some new policies governing project administration. As you will soon find out, this has helped us to <u>streamline</u> our actions and produce greater efficiencies in spending.

Should you have any questions or comments regarding this report, please contact me at h.grundy@spee.org.

Sincerely,

Hazel Grundy
Corporate Relations
Society for the Preservation of Earth's Environment

74 Why did Hazel Grundy send Barbara Koteva a letter?

(a) To introduce recently hired executives
(b) To report on a firm's planned expansion
(c) To provide an update on an organization
(d) To project revenues for the upcoming year.

75 Who most likely is Ms. Grundy?

(a) A citizen who has made a donation
(b) A member of a nonprofit organization
(c) An event organizer for Earth Day
(d) A cofounder of a charitable foundation

76 Based on the letter, what is true about SPEE?

(a) It relies solely on funding from the gover- nment.
(b) It raised awareness by hosting a docu- mentary film festival.
(c) It is focusing its efforts on specific regions of the world.
(d) It regularly publishes a detailed financial report.

77 What is not mentioned as a recent change at SPEE?

(a) Online information was translated into numerous languages.
(b) Its membership increased in Eastern Europe.
(c) It is implemented a policy that will reduce spending.
(d) Two members of the board of directors were dismissed.

78 How can Barbara Koteva contact Hazel Grundy?

(a) by visiting her office
(b) by sending her an email
(c) by waiting for her to arrive
(d) by following a manual

79 In the context of the passage, grants means ____________?

(a) subsidy
(b) permission
(c) expo
(d) revenue

80 In the context of the passage, streamline means ____________?

(a) evaluate
(b) oblige
(c) pursue
(d) shorten

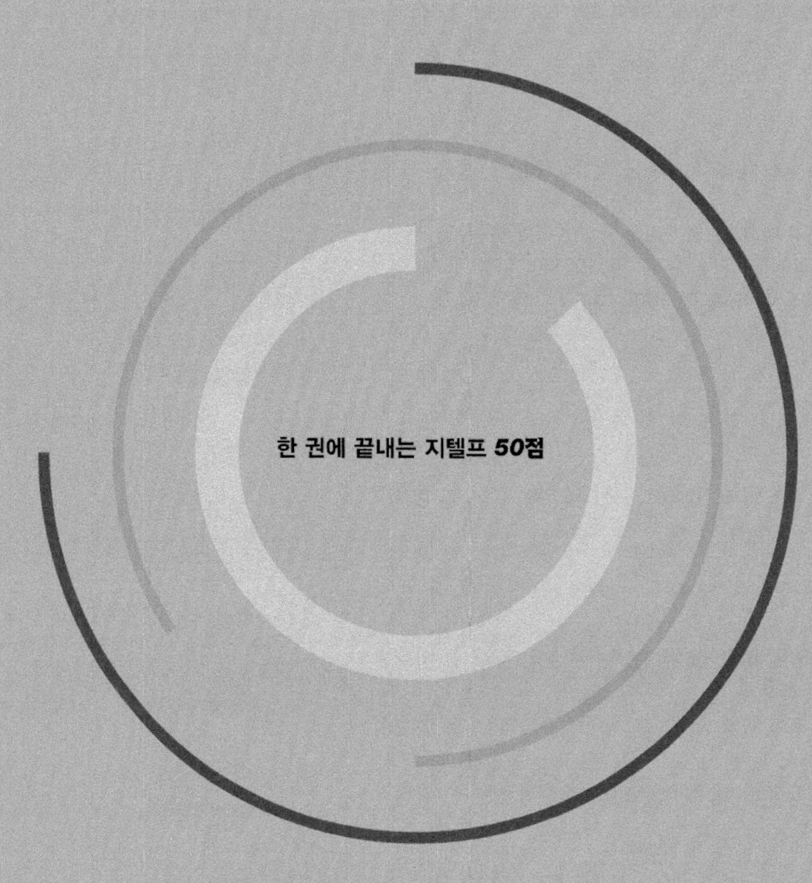
한 권에 끝내는 지텔프 50점

UNIT **10**

정답과 해설
모의고사 [2회]

이현아 취향저격 G-TELP **50점**

Grammar

01 ▶정답 (a)

| 정답 해설 |
기간을 표현하는 부사 for almost a hundred years가 있으므로 완료시제가 들어가야 하며 앞에 since 1920이 있으므로 현재완료 시제가 가장 적절하다. 보기에 현재완료시제는 진행 형태인 (a) 밖에 없으므로 정답은 (a)이다.

| 해석 |
Shore's Fine Confections은 휴일 동안 도시에서 가장 수요가 많은 사탕 가게들 중 하나이다. 1920년 이래로 유럽 양식의 초콜렛으로 유명한 Shore's는 거의 100년 동안 그것들을 판매해오고 있다.

confection 당과 제품
sought-after 수요가 많은

02 ▶정답 (d)

| 정답 해설 |
동사 suggest의 목적어 자리에 '당위성'을 표현하는 that절이 왔으므로 동사는 '(should) + 동사원형'이 되어야 한다.

| 해석 |
우리는 오늘밤 이탈리아 식당에서 먹지 않아도 된다. 나는 Lorraine이 저녁을 준비하는 것을 제안한다. 그녀는 방금 라비올리를 완전하게 만들었으며, 그녀의 새로운 기술을 보여주는 것을 흥미로워 한다.

03 ▶정답 (d)

| 정답 해설 |
가정법 if절의 시제가 had p.p.이므로 가정법 과거완료이다. 주절에는 '조동사 과거형 + have p.p.'가 되어야 올바르다.

| 해석 |
Jenny는 이미 10월에 크리스마스 할인을 기대하기 시작했다. 그러나 그녀는 가격이 더 낮았던 저번 주까지 쇼핑을 시작하지 않았다. 그녀는 더 일찍 쇼핑했다면 더 많은 돈을 썼을 것이다.

look for 기대하다
as early as 이미

04 ▶정답 (d)

| 정답 해설 |
타동사 know의 목적어 자리이다. 보기에 모두 주어가 없이 동사로 시작하므로 주어역할을 하는 의문대명사 who가 들어가는 것이 적절하다.

| 해석 |
인사 부서는 감독의 직위에 오른 지원자를 발표하지 않았다. 그 결과 우리는 누가 그 직위를 얻었는지 모른다.

personnel 인사과의

05 ▶정답 (d)

| 정답 해설 |
기간을 표현하는 for almost four years가 있으므로 완료시제가 들어가야 하고 when 부사절 시제가 과거시제이므로 과거완료시제가 올바르다. 문맥상 단순 지속성을 표현하는 과거완료 시제보다 일자리를 제안 받았을 때 계속해서 일해오고 있는 상황을 표현하는 '과거완료진행'시제가 더욱 적절하다.

| 해석 |
저번 주에 Alex는 유명한 미디어 회사에 생산 보조 일을 그만두었다. 그는 다른 회사에서 현장 리포터로 일 제안을 받았을 때 거의 4년 간 일하고 있었다.

06 ▶정답 (b)

| 정답 해설 |
시간 부사절 접속사 by the time절의 시제가 현재이므로 주절은 미래시제를 쓰는 것이 올바르다. 미래시제는 (b)밖에 없다. 미래의 특정 시점이 될 때 그 시점까지 계속되는 상황을 묘사하는 미래완료시제는 특히 접속사 by the time가 자주 쓰인다.

| 해석 |
마케팅 설문 조사는 방금 완성 되었다. 자료가 다음 달 필요할 때까지 그것은 지리학적 분야에 따라서 분석될 것이다.

07 ▶정답 (a)

| 정답 해설 |
선행사가 사람인 the woman이므로 (c)와 (d)는 정답 후보에서 제

거할 수 있다. 앞 문장에서 Sam이 호감이 있는 여자에게 데이트 신청을 했다는 내용이 나오므로 (a)가 정답이다. (c)는 그녀가 Sam에게 데이트 신청을 했다는 내용이 되므로 문맥상 적절하지 않다.

| 해석 |

Sam은 그가 커피숍에서 누군가를 만났다고 나에게 말했다. 그는 그녀에게 저녁에 초대했다고 말했다. 그녀의 이름이 무엇인지 알고 나서 나는 그에게 그가 데이트 신청했던 그 여자가 나의 상사라고 말했다.

ask out to ~로 초대하다

ask out ~에게 데이트 신청하다

08 ▶정답 (a)

| 정답 해설 |

타동사 consider은 목적어 자리에 동명사를 쓰는 동사이므로 (a)가 정답이다.

| 해석 |

Stafford가 1997년에 산 폭스바겐은 현재 유지 비용이 너무 많이 든다. 그는 현재 가정 있는 남자이기 때문에 그 작은 차를 미니밴으로 교체할 것을 고려하고 있다.

09 ▶정답 (b)

| 정답 해설 |

주절 동사가 seems이므로 현재시제임을 알 수 있다. 시제일치의 법칙에 따라서 현재시제가 들어가는 게 자연스럽다. 문맥상 '현재 방법을 찾고 있는' 사람들이 가장 자연스러우므로 현재진행시제가 정답이다.

| 해석 |

온라인 프로그램에 등록한 학생들의 수는 1990년대 후반 이래로 두 배가 되었다. 온라인 교육은 보통보다 더 빨리 학위를 끝낼 방법을 찾고 있는 학생들에게 실행 가능한 해결책으로 보인다.

viable 실행 가능한

10 ▶정답 (d)

| 정답 해설 |

선행사가 the clerk이며 관계사가 수식하는 구조이다. (a)와 (c)는 문법적으로 올바르지 않다. (b)는 해석이 문맥상 어울리지 않는다.

| 해석 |

나는 어제 나에게 아주 무례했던 직원에 대해 항의하고 싶다. 불행하게도 나는 태도가 받아들일 수 없는 태도를 가진 직원의 이름을 잊어버렸다.

unacceptable 받아들일 수 없는

11 ▶정답 (b)

| 정답 해설 |

명령/동의/제안/주장/요구/충고 동사의 종류인 urge의 목적어에 당위성을 표현하는 that절이 목적어로 왔으므로 동사는 (should) + 동사원형이 되어야 한다.

| 해석 |

미국의 몇몇 학생들과 성인 그룹은 경찰 폭력에 대항하여 결집하고 있다. 그 운동은 경찰이 단지 범죄를 저지른 것으로 의심되는 사람들을 다치게 하는 것을 삼가도록 요구한다.

rally 결집하다

refrain from ~을 삼가다

12 ▶정답 (a)

| 정답 해설 |

기간을 표현하는 전명구 for several decades가 있으므로 완료시제를 써야한다.

| 해석 |

Clarkes는 작은 집에 대해 아주 자랑스러워 한다. 많은 허리케인이 그것을 강타했음에도 불구하고 그 아름다운 집은 여전히 서 있다. 그들은 몇 십 년 간 거기서 살고 있으며 다른 곳으로 갈 계획이 없다.

cottage 작은 집

batter 강타하다

13 ▶정답 (c)

| 정답 해설 |

문맥상 가장 의미가 적절한 부사절 접속사를 찾는 문제이다. '~하다면'을 나타내는 조건 부사절 접속사 provided (that)이 의미상 적절하다.

| 해석 |

우리는 오늘 밤 저녁에 Karen과 함께 음식점에 갈 예정이다. 교통이 많이 혼잡하지 않다면 우리는 대략 오후 5시에 거기에 도착할 것이다.

14 ▶정답 (a)

| 정답 해설 |

가정법 if절의 시제가 had p.p.이므로 가정법 과거완료임을 알 수 있다. 주절동사는 '조동사 과거형 + have p.p.'가 되어야 한다.

| 해석 |

Marty는 저번 주 자전거 사고에서 다리가 골절되었다. 그는 그가 심하게 넘어진 과속 방지턱에서 속력을 낮추지 못했다. 그가 조심했었다면 그는 그 작은 사고를 피했을 것이다.

fracture 골절이 되다
speed hump 과속 방지턱
mishap 작은 사고

15 ▶정답 (a)

| 정답 해설 |

부사절 접속사 when절의 시제가 과거이므로 시제 일치에 따라서 과거시제가 들어가야 한다. 의미상 과거완료보다는 '과거진행'이 더 적절하다.

| 해석 |

Timmy는 운전 면허를 가져오기 위해 집으로 다시 가야 했기 때문에 어제 일에 늦었다. 그는 그것을 가져올 것을 잊어버렸다는 것을 깨달았을 때 이미 고속도로를 따라 운전하고 있었다.

freeway 고속도로

16 ▶정답 (b)

| 정답 해설 |

가정법 if절의 동사가 were인 것으로 보아 가정법 과거시제임을 알 수 있다. 가정법 과거에서 주절의 시제는 '조동사 과거형 + 동사원형'이 되어야 한다.

| 해석 |

Jessie는 14파운드를 뺐지만 여전히 살을 빼기 위해 매일 아침 조깅을 계속할 계획이다. 내가 Jessie만큼 단단히 결심한다면 나는 그가 매일 태우는 만큼의 칼로리를 태울 텐데.

determined 단단히 결심한

17 ▶정답 (b)

| 정답 해설 |

부사절 접속사 by the time이 이끈 절의 시제가 현재인 것으로 보아, 주절에는 미래시제가 들어가야 한다. 미래완료시제인 (b)가 가장 적절하다.

| 해석 |

Katie의 비행 편은 지연되었으며 내가 책을 가져왔던 것은 좋은 것이다. 나는 그녀를 기다리는 동안 지루하지 않을 것이다. 그녀의 비행 편이 도착할 때까지 나는 두 시간 동안 여기에 앉아있을 것이다.

18 ▶정답 (c)

| 정답 해설 |

선행사가 tomato이므로 선행사를 포함하는 관계대명사 what은 쓸 수 없다. 또한 동사 mistake의 목적어가 없는 불완전한 문장이 왔으므로 관계부사 how나 why는 쓸 수 없다. 목적격 관계대명사 which가 적절하다.

| 해석 |

몇몇 사람들은 그들이 음식에 대해 모든 것을 안다고 생각하지만 그들이 배운 새로운 사실에 놀란다. 예를 들면 토마토는 많은 사람들이 채소라고 오인하지만 사실 산딸기 류의 과일이다.

mistake for ~라고 오인하다
berry 산딸기 류 열매

19 ▶정답 (c)

| 정답 해설 |

문맥상 가장 적절한 조동사를 찾는 문제이다. '분실신고를 해야 한다'가 의미상 올바르므로 must가 정답이다.

| 해석 |

Ernest는 오늘 버스에서 그의 지갑에 있던 그의 신용 카드를 잃어버렸다. 나는 아무도 그것을 쓰지 못하게 그의 카드를 차단하도록 그가 신용 카드 회사에 분실 신고해야 한다고 그에게 말했다.

20 ▶정답 (b)

| 정답 해설 |

타동사 include는 동명사를 목적어로 취하는 3형식 동사이다.

| 해석 |

Gertrude는 그녀의 바쁜 일 스케줄 때문에 신체 활동을 할 시간이 거의 없다. 그래서 그녀는 지하철 역에서 그녀의 사무실까지 걷는 것을 포함하여 그녀가 참여할 수 있는 모든 운동 종류를 이용한다.

take advantage of ~을 이용하다

21 ▶정답 (b)

| 정답 해설 |

McGregor를 선행사로 하므로 관계대명사 who의 절이 수식하는 것이 올바르다.

| 해석 |

MMA 권투 선수인 Connor McGregor는 Floyd Mayweather과의 경기에서 졌지만 그는 아주 능력 있는 선수임을 보여주었다. McGregor는 그의 첫 권투 경기에 참여했으며 역대 가장 잘하는 선수들 중 하나에 뒤지지 않을 수 있었다.

keep up with 연락하고 지내다, ~에 뒤지지 않다,
~와 엇비슷하다

22 ▶정답 (c)

| 정답 해설 |

문맥상 올바른 조동사를 찾아야 한다. 굉장히 위험하다는 내용이 나오므로 안전 장비를 착용해야 한다는 의무를 표현하는 조동사 must가 들어가야 적절하다.

| 해석 |

화학 실험은 각각 다른 불안정한 화학 물질 사용을 수반한다. 그 활동은 너무 위험해서 학생들이 혼합물을 다룰 때 장갑과 마스크를 써야 한다.

23 ▶정답 (c)

| 정답 해설 |

빈칸 앞에 12월에 시작하면서 그 그룹은 공연을 하게 될 것이라는 내용이 올바르므로 미래시제가 들어 가야한다. 미래를 표현하는 많은 시제 중에서 공연 중임을 강조하는 미래시제가 가장 의미상 적절하다.

| 해석 |

Thespian 극장 조합은 노래하고 춤출 수 있는 배우들을 찾고 있다. 12월이 시작될 때 그 단체는 한 달 동안 크리스마스 뮤지컬을 공연할 것이며 몇몇 배역을 채우기 위해 사람들을 필요로 한다.

24 ▶정답 (d)

| 정답 해설 |

while 부사절의 시제가 과거이므로 과거의 상황에 대한 '유감이나 후회'를 표현하는 조동사 표현이 적절하다. ought to have p.p.는 '~했어야 했는데'의 뜻이다.

| 해석 |

John은 오늘 오후에 아주 배가 고팠고 먹을 것이 아무것도 없었다. 그는 그가 일하는 동안 가볍게 식사할 것을 샀어야 한다.

snack on ~로 가벼운 식사를 하다

25 ▶정답 (d)

| 정답 해설 |

전치사 about의 목적어 자리이므로 동명사가 들어가야 한다. 동명사의 의미상 주어는 소유격으로 표현한다.

| 해석 |

쇼핑은 Wendy의 가장 좋아하는 취미이다. 그녀의 남편은 종종 그녀가 너무 많은 돈을 쓰는 것에 대해 걱정한다.

pastime 취미

26 ▶정답 (b)

| 정답 해설 |

문두에 had가 오고 주어 뒤에 p.p.형이 온 것으로 보아 가정법 과거완료가 if가 생략되면서 주어와 동사가 도치된 것임을 알 수 있다. 주절에는 '조동사 과거형 + have p.p.'가 들어가야 한다.

| 해석 |

1970년대 오염 문제는 엄격한 자동차 가스 배출 기준으로 이어졌다. 정부가 빨리 행동했더라면 이 기준들은 필요하지 않았을 것이다.

strict 엄격한

Part 1

월터 리드

미 육군의 병리학자 겸 세균학자 월터 리드는 몇 세기 동안 서반구에서 가장 큰 재앙의 하나인 황열병이 모기에 물려서 전염된다는 것을 증명했다. 리드는 1851년 9월13일 버지니아주 글로스터 카운티의 벨로이에서 태어났다. 1869년 여름에 그의 가족이 샬로츠빌로 이사했는데 월터는 버지니아대학교에서 고전 작품을 공부할 생각이었다. 얼마 동안 대학 생활을 한 뒤 그는 의료 설비 분야로 전과했으며, 9개월 만에 의학 과목을 마치고, 1869년 18살의 나이로, 의학박사로 졸업했다. 임상 경험을 더 쌓기 위해 그는 뉴욕에 있는 빌레뷰 의과대학에 등록했으며 1년 뒤 그곳에서 두 번째 학위를 땄다. 그는 몇 곳의 병원에서 인턴으로 일했으며 뉴욕의 구역 의사가 됐다. 그는 일반 진료를 하지 않기로 마음을 먹었지만 (재정적)보장을 위해 군에 들어가기로 했다. 1875년 2월 육군 의무 부대 시험에 합격하고 중위로 임관했다.

1889년 그는 주치의 겸 볼티모어 모병검사관이 됐다. 그는 허가를 받고 존스 홉킨스 병원에서 일했으며 그곳에서 병리학과 세균학을 배웠다. 1893년 리드는 육군 의학 박물관 큐레이터 겸 신설 육군의과대학의 세균학 및 임상 현미경학 교수가 됐다. 1898년 미서(美西)전쟁 기간에 군부대내 장티푸스 확산을 조사하는 위원회 의장으로 선임됐다.

19세기 거의 내내 황열병이 매개체-즉, 황열병 환자가 사용한 침구와 의복으로 전염된다는 것이 일반적인 생각이었다. 1898년에 이르러서는 미국이 이런 입장을 공식화했다. 한편 다른 전염 경로도 제시되고 있었다. 1881년에, 쿠바의 내과의사 이자 유행병학자인 카를로스 후안 핀라이는 곤충 전염의 이론을 만들었다. 1896년에 이탈리아 세균학자 쥬세페 사나렐리가 황열병 환자로부터 유기체를 분리했다고 주장하고 바실루스 이터로이드(Bacillus icteroides)라고 명명했다. 미 육군은 리드와 육군 내과의사 제임스 캐롤을 지명해 사나렐리의 바실루스를 조사하도록 했다. 리드와 캐롤은 첫 보고서를 1889년에 출판했으며 1990년 2월에는 출판 완성본을 제출했다. 보고서는 사나렐리의 바실루스가 돼지 콜레라 바실루스 그룹에 속하며 황열병에서는 2차 침입균임을 밝혔다.

1901년 워싱턴으로 돌아오면서 리드는 가르치는 일을 계속했다. 그는 1902년 11월 22일 충수염 수술을 받은 뒤 사망했다. 그를 추모해 워싱턴 D.C.에 있는 육군 일반 병원에 그의 이름을 붙였다.

pathologist 병리학자
bacteriologist 세균학자
yellow fever 황열병
scourge 재앙, 골칫거리
transmit 전염시키다, 전송하다
intend 의도[작정]하다, 생각하다
matriculate 입학을 허가하다
security (미래를 위한) 보장, 보안, 경비
lieutenant (육 · 해 · 공군의) 중위[소위]
assign (일 · 책임 등을) 맡기다
curator 관리인, 관장, 주사
ascribe ~의 탓으로 돌리다
transmission 전염, 전파, 전송
invader 침략자, 침입자

53 ▶정답 (d)

| 정답 해설 |

월터 리드는 황열병이 모기에 물려서 전염된다는 것을 증명한 사람이다.

| 해석 |

월터 리드 박사가 의학에 미친 가장 큰 공헌은 무엇인가?

(a) 그는 매개물을 발견했다.
(b) 그는 서반구의 골칫거리였다.
(c) 그는 황열병이 존재하지 않는다는 것을 입증했다.

(d) 그는 황열병이 모기에 물려서 전염된다는 것을 증명했다.

54 ▶정답 (a)

| 정답 해설 |

1869년 18세의 나이로 의사가 되었다는 내용이 지문에 나온다.

| 해석 |

월터 리드는 몇 살에 의학 박사가 되었나?

(a) 18세
(b) 22세
(c) 30세
(d) 40세

55 ▶정답 (c)

| 정답 해설 |

두 번째 문단에서 He decided against general practice, however, and for security chose a military career.라는 문장을 통해 '생계'를 위해 군대에 들어간 간 것을 알 수 있다.

| 해석 |

월터 리드가 군대에 입대한 이유는?

(a) 여행하기 위해
(b) 아픈 군인들을 위해 일하려고
(c) (미래를 위한) 보장, 생계
(d) 연구 기회를 위해

56 ▶정답 (b)

| 정답 해설 |

3번째 문단 마지막에 During the Spanish-American War of 1898, he was appointed chairman of a committee to investigate the spread of typhoid fever in military camps. 문장을 통해 군대에서 장티푸스가 어떻게 확산되는 지 조사하기 위해 임명된 것임을 알 수 있다.

| 해석 |

월터 리드가 미서 전쟁 기간에 위원회 의장으로 임명된 이유는?

(a) 군대가 어떻게 병장들을 진찰하는 지 조사하기 위해서
(b) 어떻게 장티푸스가 군부대에서 확산되는 지를 조사하기 위해서
(c) 더 많은 의학적 경험을 얻기 위해서
(d) 군대 중위로 군복무를 하기 위해

57 ▶정답 (a)

| 정답 해설 |

지문에서 리드와 캐롤은 사나렐리의 바실루스가 돼지 콜레라 바실루스 그룹에 속하며 황열병에서 2차 침입균임을 밝히고 책을 출판했다는 내용이 나온다.

| 해석 |

리드와 캐롤은 어떻게 황열병의 전염을 모기와 연결시켰는가?

(a) 사나렐리의 바실루스가 2차 침입균임을 밝힘으로써
(b) 장티푸스와 황열병 사이의 관련성을 밝힘으로써
(c) 황열병 환자들에게 피를 주입함으로써
(d) 현미경으로 모기 바실루스를 관찰함으로써

58 ▶정답 (b)

| 정답 해설 |

intend 의도하다, ~하려고 생각하다.

| 해석 |

본문 맥락에서 intended가 의미하는 것은?

(a) 확장했다
(b) 계획했다
(c) 싫어했다
(d) 등록했다

59 ▶정답 (d)

| 정답 해설 |

transmission 전염, 확산

| 해석 |

본문 맥락에서 transmission이 의미하는 것은?

(a) 성장
(b) 추천
(c) 소개, 도입
(d) 확산

Part 2

미국의 (교육)기회

미국은 현재 국가 역사상 두 번째로 큰 이민 급증을 경험하고 있다. 지난 8년 넘게 다른 국가에서 온 1400만 명이 넘는 남자들, 여자들, 그리고 아이들이 미국으로 들어왔다.

딱 100년 전에, 미국에 들어오는 모든 이민자들의 90퍼센트는 유럽인들이었다. 오늘날 90 퍼센트가 제 3국에서 왔다. 2016년에 미국 내 아시아인들이 거의 반, 라틴 아메리카 사람들이 40퍼센트, 유럽인들이 5 퍼센트를 차지했다. 명백하게도, 이것은 미국 공립학교에 영향을 끼친다. 지난 10년 동안에만, 영어 능숙도가 떨어지는 공립학교 학생들의 숫자가 250 퍼센트 이상 증가해오고 있다.

오늘날 총 거의 300백만 명의 이민자 아이들이 미국 강의실에 있다. 그들은 영어, 수학, 과학, 지리 그리고 역사를 배우기 위해 거기에 있다. 그들이 미국에 대해서, 미국 사회와 생활방식을 배우기 위해 그곳에 있다는 것도 똑같이 중요하다. 그러나 이러한 아이들은 배우는데 독특한 장벽에 직면한다. 언어 외에도, 그들은 특히 표준화 시험과 능력에 따라 그룹지어져 불리한 상황이 되는데 - 학습 잠재성보다 언어 능숙도를 반영하는 가장 널리 사용되는 두 가지 교육적 간행이다.

명백하게, 이민자 학생들은 빠르게 영어에 능숙해져야 하고 - 이는 오직 학문적인 공부만을 위해서가 아니다. 그들은 교외 활동과 사교적 행사에 완전히 참석하기 위해서 영어가 필요하다. 그러한 상호교류들은 학교에서, 궁극적으로 미국의 삶인 더 다양한 경험에서 중요하다.

영어가 능숙하지 않은 학생들에게, 2개 언어 교육 프로그램은 매우 중요한 역할을 한다. 이러한 프로그램들은 학생들이 영어를 배우는 동시에 그들의 모국어로 학문적 과제를 배우는데 도움을 준다. 2개 언어 프로그램들은 외모나 다르게 말하는 것에서 차별을 겪은 학생들에게 당황 없이 영어를 배울 기회를 제공해준다. 그리고 그들은 이민자 학생들이 새로운 국가를 받아들이는 동안에 가족 관습과 전통을 유지하는 것도 가능하게 한다.

불행히도, 2개 언어 프로그램들은 악명 높게도 인력이 부족한 상황이다. 특히 오늘날 세계 경제가 밀접하게 엮여 있는 상황에서 한 가지 이상의 언어를 아는 중요성을 고려하면, 2개 언어를 구사하는 선생님들의 심각한 부족은 국가적 수치이다.

immigration 이주[이민]
account for 차지하다, 설명하다
implication 영향[결과],함축, 암시
proficiency 숙달, 능숙함
barrier 장벽, 장애물
standardize 표준화하다
interaction 상호 작용, 상호의 영향
bilingual 두 개 언어를 할 줄 아는
discrimination 차별
embarrassment 어색함, 쑥스러움
notoriously 악명 높게; 주지의 사실로서
understaffed 인원이 부족한
interweave 섞어 짜다[넣다]

60 ▶정답 (b)

| 정답 해설 |

두 번째 문단에서 미국에 들어오는 이민자들 중 오늘날 아시아인들이 거의 반, 라틴 아메리카 사람들 40퍼센트, 유럽인들이 5퍼센트라고 했으므로 가장 많은 이민자는 아시아인임을 알 수 있다.

| 해석 |

최근에 미국에서 가장 많은 이민자 수는 어느 그룹인가?

(a) 라틴 아메리카인들
(b) 아시아인들
(c) 유럽인들
(d) 토종 미국인들

61 ▶정답 (a)

| 정답 해설 |

이민자들이 명백하게 공립학교에 영향을 미친다고 하면서 영어 능숙도가 떨어지는 학생들의 숫자가 250퍼세트 이상 증가해오고 있다고 언급되어 있다.

| 해석 |

많은 수의 이민자들이 미국 공립학교에 어떻게 영향을 미치는가?

(a) 영어 능력이 부족한 학생들이 많다.
(b) 지난 몇 년 동안 영어 능력이 올랐다.
(c) 약 250 퍼센트 이상의 강의실 공간이 필요하다.
(d) 선생님들은 50에서 115개의 언어들을 배워야 한다.

62 ▶정답 (b)

| 정답 해설 |

네 번째 문단에서 이민자 학생들은 학문적 공부뿐 아니라 교외 활동과 사교적 행사에 완전히 참석하기 위해서 영어가 필요하다고 언급되어 있다.

| 해석 |

본문에 따르면, 이민자 학생들은 학문적 학습을 위한 것 외에도 왜 영어를 배워야 하는가?

(a) 표준화 시험에서 잘하기 위해
(b) 미국 사회에서 활발하게 참여하기 위해
(c) 올바른 그룹에 배정되기 위해
(d) 그들의 전통을 유지하기 위해

63 ▶정답 (c)

| 정답 해설 |

마지막 문단에서 bilingual programs remain notorious under-staffed를 통해 2개 언어를 사용하는 선생님들이 부족함을 알 수 있다.

| 해석 |

영어를 사용하지 않는 미국인 이민자들에게 기회를 제공하는데 있어서 심각한 장벽은 무엇인가?

(a) 증가된 이민
(b) 과도하게 붐비는 공립학교들
(c) 이중 언어 선생님들의 부족
(d) 말해지는 언어들의 수

64 ▶정답 (d)

| 정답 해설 |

이 글은 이민자 수가 급등함에 따라서 영어 능숙도가 떨어지는 사람들이 증가하고 있음에도 2중 언어교육 프로그램이 제대로 진행되고 있지 않은 점을 지적하고 있는 글이다.

| 해석 |

무엇에 관한 글인가?

(a) 이민자 아이들을 향한 차별
(b) 미국에서 감소하는 언어들의 수
(c) 표준화 시험들의 더 널리 퍼진 사용
(d) 미국의 이중 언어 프로그램들의 질

65 ▶정답 (b)

| 정답 해설 |

barrier 장벽

| 해석 |

본문 맥락에서, barriers가 의미하는 것은?

(a) 중요한 점
(b) 장애물
(c) 할당
(d) 사업가

66 ▶정답 (d)

| 정답 해설 |

notoriously 악명 높게

| 해석 |

본문 맥락에서 notoriously가 의미하는 것은?

(a) 꼼꼼하게
(b) 운 좋게
(c) 비싸게
(d) 악명 높게

Part 3

합성 농약

DDT와 같은 화학 약품의 이른 성공은 수천 년 동안 인류를 괴롭혀온 해로운 해충의 수를 효과적으로 줄였다. DDT는 20세기 중반에 걸쳐 전 세계적으로 널리 사용되었다. DDT와 같이 효과가 광범위한 농약이 작물에 살포될 때 보통 대부분의 표적 해충 (그 해충의 수많은 천적까지 함께)이 죽지만 해충 개체군 중에서 자연적으로 농약에 내성이 있는 일부는 살아남는다. 종종 최종적 결과로 내성이 있는 해충 수가 이후에 증가하고, 뒤이어 잇따르는 세대에서 내성이 더욱 강해진다.

미국 남서부 목화 산업에서 그 예를 찾을 수 있는데, 그곳에서 1950년대 분홍 목화씨벌레의 개체수가 DDT에 의해 성공적으로 통제되었다. 그러나 곧 그들의 개체수는 폭발적으로 늘어났고 이는 자연적으로 농약에 내성이 있는 생존자에게 포식자가 전혀 없었기 때문이었다. 분홍 목화씨벌레를 먹고 살던 그 지역의 말벌이 DDT에 의해 사실상 전멸되었다. 농부들은 목화씨벌레를 통제하기 위해 농약을 반복적으로 살포했고 대응했다. 아이러니하게도, 이 때문에 '농약 함정'이라고 알려진 순환 과정이 생겼는데, 이 과정에서 살아남은 해충이 내재된 내성을 물려주어 유전적으로 농약을 성공적으로 견뎌내는 성향이 있는 훨씬 더 강력한 후손을 만들어 냈다.

걱정하는 과학자들은 이런 농약이 살포지점에 유독할 뿐 아니라 농사 유출수 때문에 독소가 호수와 강을 오염시키는 결과를 초래할 수 있다는 것을 깨닫기 시작했다. 예를 들어, DDT는 조류 개체수의 엄청난 감소 때문에 비난 받았다. 수십 년에 걸친 DDT 살포로 생물 농축을 통해 상위 생물 조직에 농약의 독소가 농축되었다는 것이 이후에 알려지게 되었다. 점점 DDT를 계속 사용하는 것이 더 이상 합당해 보이지 않았다.

농학자들은 더 강력한 해충과 효과가 광범위한 단 하나의 농약에 의지하는 것을 넘어서는 도전에 직면했다. 성공 가능성을 극대화 하는 한 가지 방법은 하나의 공격 방법이 실패한다면 다른 방법이 효과가 있을 거라는 전제 하에 동시에 다양한 농약 혼합물을 적용하는 것이다. 또한, 농약은 교대로 또는 순서대로 사용될 수 있다.

그러나 회의론자들은 이 방법 또한 합성 농약의 계속적인 사용을 필요로 하며 전반적으로 생태계에 대한 이러한 농약의 누적된 영향은 제대로 인식되지 않고 있다고 강조한다. 그들은 처음에는 안전한 것으로 생각되었다가 궁극적으로 예측하지 못한 위험을 가진 것으로 드러난 과거 해결책의 예로 DDT를 지적한다.

diminish 줄어들다, 약해지다
plague 괴롭히다, 전염병, (많은 수의 동물곤충) 떼
pesticide 살충제, 농약
predator 포식자, 포식 동물
subsequent 다음의, 그 후의
explode 터지다, 폭발하다
wasp 말벌
intrinsic 고유한, 본질적인
offspring 자식, (동식물의) 새끼
predispose ~ 하게 만들다
runoff 유출 액체
concentration 농도, 집중
tissue (세포들로 이뤄진) 조직
justified 정당한, 당연한
agronomist 농학자
reliance 의존, 의지
skeptic 회의론자

67 ▶정답 (d)

| 정답 해설 |

pink bollworm populations were successfully controlled by DDT in the early 1950s를 통해서 1950년대 초에는 DDT에 의해서 통제가 잘 되었으므로 작물에 심각한 위협이 아니었다는 (d)의 언급이 올바르다.

| 해석 |

미국 남서부 분홍 목화씨벌레에 관하여 사실인 것은?

(a) 자연적 방법에 의해서 성공적으로 통제되었다.
(b) 목화 외에 다른 작물을 재배하는 농부들에게 문제가 되었다.
(c) DDT가 도입되기 전에 천적이 전혀 없었다.
(d) 1950년대 초에는 작물에 심각한 위협이 아니었다.

68 ▶정답 (a)

| 정답 해설 |

살아남은 해충이 내재된 내성을 물려주어 유전적으로 농약을 성공적으로 견뎌내는 성향이 훨씬 더 강력한 후손을 만들어낸다는 내용을 통해 (a)가 DDT 사용의 실패 원인임을 알 수 있다.

| 해석 |

DDT를 반복적으로 사용한 것이 실패한 이유는 무엇인가?

(a) 농약에 가장 영향 받지 않는(=취약하지 않는) 해충이 견디고 자손을 낳았다.
(b) 살아남은 해충의 자손이 훨씬 더 빠른 비율로 번식했다.
(c) 화학물이 대부분의 해충들을 박멸하였고, 살아남은 해충은 경쟁을 덜 하게 되었다.
(d) 생존한 해충의 뒤따르는 자손이 이전 세대보다 덜 효율적으로 번식했다.

69 ▶정답 (d)

| 정답 해설 |

곤충보다 조류에게 더 치명적이라는 내용은 지문에 나와 있지 않다.

| 해석 |

DDT와 같이 효과가 광범위한 화학물질에 대해 사실이 아닌 것은?

(a) 농장에서 이동하여 수질을 오염시킬 수 있다.
(b) 조류 개체 수 감소에 책임이 있다.
(c) 가끔 동물의 몸속에 축적된다.
(d) 곤충보다 조류에 더 치명적인 것으로 드러났다.

70 ▶정답 (c)

| 정답 해설 |

to apply a mix of various pesticides at the same time(동시에 다양한 농약 혼합물을 적용하는 것)과 pesticides can be used in rotation or sequence(농약은 교대로 또는 순서대로 사용될 수 있다)는 지문의 내용을 통해 (c)의 진술을 추론할 수 있다.

| 해석 |

해충 통제법에 대해 사실인 것은?

(a) 더 넓은 범위의 농약에 대해 내성이 있는 해충이 생길 것이다.
(b) 이전 방법보다 더 효과가 있는 화학적 반응을 일으킬 수 있다.
(c) 다양한 시점에 다양한 농약 적용을 수반할지도 모른다.
(d) 다양한 유형의 해충을 통제하기 위해 단 하나의 농약을 사용할 수 있다.

71 ▶정답 (b)

| 정답 해설 |

처음에는 안전한 것으로 생각되었다가 궁극적으로 예측하지 못한 위험을 가진 것으로 드러났다는 내용이 지문에 언급되어 있다. 농업 종사자들은 예상하지 못한 결과를 가져올 수 있다는 두려움 때문에 통합 해충 관리법을 받아들인 것으로 추론할 수 있다.

| 해석 |

왜 더 많은 농업 종사자들이 통합 해충 관리법을 받아들였는가?

(a) 기존의 방법이 유익함보다는 해롭다는 우려
(b) 농약이 예상하지 못한 결과를 가져올 수 있다는 두려움
(c) 내성이 높은 해충을 죽이는 다른 방법이 효과가 없었음
(d) 합성 농약과 관련하여 더 엄격한 환경 규제

72 ▶정답 (a)

| 정답 해설 |

subsequent 그 이후의

| 해석 |

본문 맥락에서, subsequent가 의미하는 것은?

(a) 잇따른, 다음의
(b) 다산의, 다작의
(c) 내재된
(d) 현저한, 눈에 띄는

73 ▶정답 (b)

| 정답 해설 |

justified 합당한

| 해석 |

본문 맥락에서 justified가 의미하는 것은?

(a) 신뢰할 수 있는
(b) 타당한
(c) 확인된
(d) 활기 있는

Part 4

5월 25일
Barbara Koteva
기업 사회 책임부 이사
Ademus Petroleum회사

Ms. Koteva께

귀하께서 지구 환경 보호 협회(SPEE)에 보여주셨던 지지에 저희 단체를 대표하여 감사드립니다. 저희의 소중한 후원자들에게 관례적인 약속의 일환으로 새로운 개발, 진행 중인 활동, 지난 회계 연도의 예산 배정을 다루고 있는 저희의 연례 보고서를 동봉했습니다. 보고서를 읽으신 후에 저희의 노력을 계속해서 지지해 주시기 바랍니다.

요약하자면, 지난해는 저희가 시작한 이래 지금까지 가장

생산적인 해였지만 많은 문제점들이 남아있다는 것을 말씀드리는 걸로 시작하겠습니다. 귀하께서 보고서에서 발견하실 몇 가지 중요한 부분이 여기 있습니다.

저희는 개인 기부, 공공 보조금, 그리고 기업 분야의 재정 기부에서 기록적인 기부금 모금을 확인했습니다. 다중언어 웹사이트의 출시와 지난 해 지구의 날 축하 행사 동안 상영했던 다큐멘터리 영화를 통한 매스컴의 주목이 여기에 일정 부분 도움이 되었습니다.

비영리 부문에서 존경받는 Mr. Jonah Gelding과 Ms. Heather Leach 두 분께서 저희 이사회의 일원이 되셨습니다. 남아시아와 동유럽에서 일했던 그들의 경험이 결합되어 해당 지역들의 회원 증가를 활성화 하는데 도움이 됐습니다.

끝으로 저희는 프로젝트 경영을 관리하는 몇몇 새로운 정책이 실행된 것을 확인하였습니다. 귀하께서 곧 알게 되시겠지만 이것은 저희의 운용을 간소화하고 지출의 효율성을 확대하는 데 기여했습니다.

이 보고서에 관한 질문이나 의견이 있으시면 h.grundy@spee.org로 연락 주십시오.

Hazel Grundy
기업 담당 홍보
지구 환경 보호 협회

commitment 약속; 전념
fiscal 회계의, 국고의, 국가 세입의
grant 보조금, 수여하다, 승인하다
multilingual 여러 언어를 하는
implementation 이행, 실행
streamline 간소화하다, 유선형으로 하다

74 ▶정답 (c)

| 정답 해설 |

이 편지는 새로운 개발, 진행 중인 활동, 지난 회계 연도의 예산 배정을 다루고 있는 연례 보고서를 동봉했다는 내용이 언급되고 이 협회의 활동 및 새로운 소식에 대해서 알려주고 있다.

| 해석 |

왜 Hazel Grundy는 Barbara Koteva에게 편지를 썼는가?
(a) 최근에 고용된 임원들을 소개하기 위해
(b) 회사의 예정된 확장에 대해 보고하기 위해
(c) 단체에 관한 업데이트를 제공하기 위해
(d) 내년 수익을 예상하기 위해

75 ▶정답 (b)

| 정답 해설 |

Ms. Grundy는 이 편지를 작성한 사람으로 첫 문장에서 단체를 대신하여 감사인사를 드린다고 했다. Grundy가 일하는 회사는 개인 기부, 공공 보조금, 기업 분야의 재정 기부를 받고 있고 비영리 부문에서 존경받는 사람들이 이사회의 일원이 되는 비영리 단체임을 알 수 있다.

| 해석 |

Ms. Grundy는 누구일 거 같은가?
(a) 기부한 시민
(b) 비영리 단체의 일원
(c) 지구의 날 행사 주최자
(d) 자선 재단의 공동 창업주

76 ▶정답 (d)

| 정답 해설 |

As part of our standard commitment to our valuable partners, we have enclosed our annual report covering new developments, ongoing activities, and budget allocations for the past fiscal year을 통해 SPEE는 매년 재정 보고서를 출간하는 것을 알 수 있다.

| 해석 |

본문에 따르면, SPEE에 대해 사실인 것은 무엇인가?
(a) 오직 정부 기금에만 의존한다.
(b) 다큐멘터리 영화제를 주최함으로써 인지도를 높였다.
(c) 세계의 특정 지역에 노력을 집중하고 있다.
(d) 상세한 재정 보고서를 정기적으로 출간한다.

77 ▶정답 (d)

| 정답 해설 |
이사회 일원 두 명이 해고되었다는 내용은 지문에 없다.
| 해석 |
SPEE의 최근 변화로 언급되지 않은 것은?
(a) 온라인 정보가 다수의 언어로 번역되었다.
(b) 동유럽에서 회원이 증가했다.
(c) 지출을 줄일 정책을 실행했다.
(d) 이사회의 일원 두 명이 해고되었다.

78 ▶정답 (b)

| 정답 해설 |
편지를 마무리하면서 문의가 있거나 의견이 있으면 h.grudy@spee.org.로 연락을 취하라고 했으므로 정답은 (b)이다.
| 해석 |
Barbara Koteva는 어떻게 Hazel Grundy에게 연락할 수 있나?
(a) 그녀의 사무실을 방문함으로써
(b) 그녀에게 이메일을 보냄으로써
(c) 그녀가 도착하기를 기다림으로써
(d) 매뉴얼에 따름으로써

79 ▶정답 (a)

| 정답 해설 |
grant 보조금
| 해석 |
본문 맥락에서 grants가 의미하는 것은?
(a) 보조금
(b) 허락
(c) 박람회
(d) 수익, 이익

80 ▶정답 (d)

| 정답 해설 |
streamline 간소화하다
| 해석 |
본문 맥락에서, streamline이 의미하는 것은?
(a) 평가하다
(b) 의무적으로 ~하다
(c) 추구하다
(d) 줄이다

한 권에 끝내는 지텔프 Lv. 2 50

이현아 취향저격 지텔프 50점

초판 1쇄 발행 2018년 09월 05일
개정 1쇄 발행 2021년 12월 20일

편 저 이현아
발행인 이향준
발행처 (주)법률저널
등록일자 2008년 9월 26일
등록번호 제 15-605호
주소 151-862 서울 관악구 복은4길 50 (서림동 120-32)
대표전화 02)874-1144 팩스 02) 876-4312
홈페이지 www.lec.co.kr

ISBN 978-89-6336-653-1
정가 17,000원